나의 첫 번째 보자기 포장

마음을 담은 선물 포장 51가지로
행복을 전하다!

도림북스

나의 첫 번째 보자기 포장

장여진, 백송이 지음

프롤로그

떡을 가르치는 일을 하면서 '떡을 보자기로 포장하면 좋겠다'는 생각을 항상 했습니다. 정성을 담아 만든 떡에 받는 분을 생각하는 마음을 더해 포장을 하면 즐거움이 배가 될 테니까요.
최대 명절인 추석에 송편 수업을 하면서 선물하기 좋도록 보자기로 포장하는 수업부터 시작해보았는데, 포장을 하면서 좋아하시는 모습을 보니 뿌듯했습니다. 매년 추석마다 이벤트처럼 다른 매듭을 선보이고 꽃도 함께 활용하면서 점차 다른 떡 수업에도 보자기로 포장해갈 수 있도록 노력을 했습니다.

보자기에 관심이 점점 더 생기면서 서점에서 보자기 포장에 관한 책을 찾아보았지만 쉽게 구할 수 없었습니다. 외국에 있는 책이나 절판된 책을 구해보면서 왜 보자기 포장에 관한 책은 없는지 의아해하며 관련 책을 쓰고 싶다는 욕심이 생겼습니다.
5년 동안 여러 출판사에 문의를 하고 설득을 하면서 보자기 포장의 리스트를 정리하고, 원단을 정리하고, 보자기에 관련된 논문도 읽으면서 어떻게 써야 누구나 관심을 갖게 될 것인지 고민 또 고민을 하며 천천히 준비했습니다.

어렵지 않게, 쉽게, 그리고 누구나!
포장을 하면서 제일 중요한 것은 마음을 담는 것이라고 생각합니다. 받는 사람을 생각하며 보자기 귀를 하나하나 당기면 왠지 더 소중하게 느껴지기도 합니다. 꼬맹이 딸 서윤이가 책을 보며 관심을 갖고 이렇게 포장을 하면 좋겠다는 생각을 하게 되길 바라는 마음으로 썼습니다. 쓰레기가 넘치는 요즘, 어린아이들이 종이로 포장하는 것을 배우기 이전에 보자기로 포장하는 것을 배우면 앞으로 쓰레기가 줄어들 수 있으니까요. 과정 사진을 찍고 딸아이에게 그리고 남편에게 보여주며 할 수 있겠는지 확인했습니다. 누구나 쉽게 보자기로 포장해보세요!

엄마가 원고를 쓰는 동안 옆에서 조용히 맴도는 딸 서윤이와 뒷바라지 해주는 남편 김남호씨 사랑합니다. 딸, 며느리 일이라면 언제든 도와주시는 친정부모님과 시부모님! 정말 감사하고 또 감사합니다. 책을 같이 작업한 'Oreily' 백송이 선생님 고맙습니다! 오래전 보자기 포장을 알려주신 J-home 박진숙 선생님과 2016_cielo 김춘실 선생님 감사합니다. 모락모락을 지켜봐주시고 응원해주시는 모든 분들 진심으로 감사합니다.
이 책을 통해 마음을 담아 포장하길 바랍니다!

장여진

· 프롤로그 ·

    졸업 후 방송의상 디자이너로 직장에 다니다 결혼과 함께 퇴사 후 리스타트를 고민하다가 떡 공방을 창업하게 되었습니다.
    맛있는 음식 먹는 걸 워낙 좋아하고 요리도 좋아해서 맛있고 예쁜 떡을 만들어낼 때마다 행복했습니다. 그러다 좋은 재료와 정성을 가득 담아 만든 떡에 예쁜 옷을 입혀주고 싶어 보자기 포장에 관심을 갖게 되었습니다.

    디자이너로 일하던 시절 대하드라마(사극)를 주로 맡아 시대배경에 맞게 의복을 고증하고 현대적 감각을 가미해 의상을 제작하면서 전통 직물부터 다양한 현대적 직물을 다뤘고 현대적 직물로도 전통을 만들어낼 수 있다는 걸 몸소 느꼈습니다. 이러한 경험은 책 작업을 할 때 많은 도움이 되었습니다. 예전의 감각을 살려 광장시장과 동대문시장에서 원단을 사서 나만의 보자기를 제작했습니다.

    국내에서 참고할 만한 뚜렷한 보자기 관련 실용서가 없어서 외국 서적과 인터넷으로 자료를 수집하면서 참 아쉬운 마음이 들었고 보자기 포장에 관한 책의 필요성도 느꼈습니다. 본업은 떡 선생이지만 실용적인 보자기 포장이 보편화되면 좋겠다는 생각에 이렇게 책으로 만들게 되었습니다.
    단순히 아름다운 포장뿐 아니라 비닐이나 종이 포장처럼 일회용 포장이 아닌 여러 번 사용할 수 있는 보자기 포장은 지구를 위한 작은 발걸음의 하나가 아닐까요? 에코라이프, 제로웨이스트가 대두되는 요즘 안 입는 셔츠로 더욱 센스 있고 하나뿐인 보자기를 만들 수도 있고 업싸이클링, 리싸이클링을 실천할 수 있으니까요.

    언제나 제 일을 우선으로 생각해주는 든든한 남편, 항상 묵묵히 도와주고 응원해주시는 양가 부모님, 가족들 감사합니다. 보자기 포장의 첫 단추를 잘 채워주신 '폴드 앤 타이' 양선혜 선생님 감사합니다. 늘 호흡을 맞춰 같이 작업하는 '모락모락 테이블' 장여진 선생님과 곁에서 고민을 들어주고 힘이 되어주는 선생님들 고맙습니다.
    이 책을 통해 많은 분들이 더욱 정성스러운 선물을 할 수 있길 바라봅니다. 감사합니다.

백송이

• 차례 •

PART 1 보자기 포장의 기본

보자기 포장 준비하기 … 12

보자기 매듭을 예쁘게 묶는 방법 … 14

PART 2 전통 원단

01
수국 매듭 포장
22

02
카네이션 매듭 포장
26

03
새싹 매듭 포장
30

04
리본 매듭 포장
34

05
나비 매듭 포장
38

06
일자 매듭 포장
42

07
칼라 매듭 포장
46

08
만두 매듭 포장
50

09
사방 매듭 포장
54

10
저고리 매듭 포장
58

11
세 잎 매듭 포장
62

12
장미 매듭 포장
66

정 매듭 포장
70

겹 수국 매듭 포장
74

회오리 매듭 포장
78

PART 3 면&리넨

도시락 매듭 포장
84

한쪽 리본 매듭 포장
88

주머니 매듭 포장
92

도시락 손잡이 매듭 포장
96

나비 매듭 포장
102

역교차 리본 매듭 포장
106

쪽 매듭 포장
110

사선 나비 매듭 포장
114

이중 리본 매듭 포장
118

부채 매듭 포장
122

동심결 매듭 포장
126

따개 매듭 포장
130

입체 딸기 매듭 포장
136

덮개 매듭 포장
142

고리 매듭 포장
146

PART 4 다양한 소품 포장

병-수국 매듭 포장
154

병-나비 매듭 포장
158

병-똬리 매듭 포장
162

병-몸통 리본 포장
166

05 병-고리 매듭 포장 170

06 병-촛불 매듭 포장 174

07 병-손잡이 매듭 포장 178

08 병-커프스 매듭 포장 182

09 두 병 포장 186

10 네 병 포장 190

11 화병1 194

12 화병2 198

13 꽃다발1 202

14 꽃다발2 206

15 화분 210

16 바구니1 214

17 바구니2 218

18 바구니3 222

19 바구니4 226

20 갑티슈 포장 230

21 책 두 권 포장 236

PART 1

포장의 기본
보자기

보자기 포장 준비하기

1 상자 크기에 따른 보자기 선택 방법

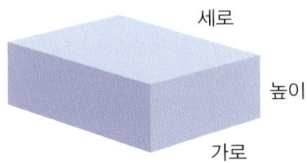

(가로+세로+높이)+10~15cm

2 보자기 포장에 필요한 도구

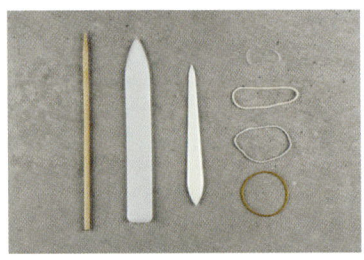

고무줄 : 노란 고무줄, 투명 고무줄, 흰 고무줄 등 종류와 색이 다양하며 보자기를 묶을 때 사용한다.

플라스틱폴더 / 마지팬 스틱 : 납작한 막대 형태로 한쪽은 뾰족하고 다른 한쪽은 둥근 모양을 하고 있다. 보통 종이나 가죽을 접거나 모양을 낼 때 사용하지만 보자기 포장 마무리 후 옆면을 정리할 때 유용하다.

나무 꼬지 : 보자기 귀 끝을 고무줄 안쪽 등에 넣을 때 사용한다.

3 보자기 원단

#직물의 종류

직물은 직조 방법에 따라 평직, 능직, 수자직(주자직), 익조직, 중조직, 자카드직, 변화조직으로 나뉘며 크게 평직, 능직, 수자직이 대표적인 3원조직이다. 평직과 수자직이 보자기로 주로 사용하는 원단이다.

평직은 경사(날실, 세로방향의 실)와 위사(씨실, 가로방향의 실)를 1올씩 교대로 교차시켜 제작한 직물로 수직, 광목, 노방, 리넨 등이 대표적인 직물이다.

수자직은 위사를 일정한 간격으로 올을 건너뛰어 경사로 교차한 문양이 있는 직물로 주자직이라고 부르기도 한다. 문단, 양단, 공단이 대표적인 직물이다. 문양에 따라 운문, 용문, 대화단 등 여러 이름으로 불린다.

#보자기에 주로 사용하는 직물

주로 신축성이 없는 직물을 사용하며 전통 직물 또는 면, 리넨을 주로 사용한다.

전통 직물

전통 직물은 본견과 화섬으로 구분할 수 있는데, 본견은 누에고치에서 뽑아낸 명주실로만 짠 비단(실크) 직물로 순견이라고도 한다. 견에서도 '단과 사'로 나눌 수 있는데 '단'은 수자직으로 두께가 있으며 광택이 있고 매끄러우며 대표적인 직물로 양단, 공단 등이 있다. '사'는 여름 소재로 사용하는 얇은 직물을 말하며 대표적인 직물로 갑사, 숙고사, 국사 등이 있다. 화섬은 화학 섬유의 줄임말로 화학적 가공을 통해 인공적으로 만든 섬유를 말한다.

- **문단** : 무늬가 있는 비단으로 수자직의 대표 직물이다. 무늬에 따라 운문단(구름 문양), 화문단(꽃문양), 장지단(장지문양)으로 불린다.
- **양단** : 과거에는 영국에서 수입되는 실크 직물을

양단(洋緞)이라고 불렀으나 현재는 문단의 일종으로 색실을 두 가지 이상 이용하여 무늬를 넣은 화려한 직물을 양단이라고 한다. 무늬의 크기에 따라 모본단, 법단 등으로 나뉜다.

- 공단 : 아무 무늬가 없는 비단으로 수자직의 일종이며 광택이 있다. 본래 견으로 제직되었으나 현재는 여러 합성섬유로도 제직된다.
- 산탄 : 약간 두께가 있으며 광택이 있다. 위사에 나타나는 불규칙한 슬럽으로 인해 촉감이 거칠고 다소 뻣뻣하다. 화섬은 물산탄으로 불린다.
- 슬라브 : 화섬의 일종으로 수직과 비슷하게 불규칙한 슬럽을 갖고 있다. 요즘 보자기로 많이 사용하는 대표적인 직물이다.
- 모시 : 여름 전통 옷감으로 저마 섬유를 원료로 하여 제직한 평직 마 직물의 일반 명칭이다. 화섬은 물모시하라고 부른다.
- 노방 : 정련을 하지 않은 생사를 이용해 제직한 견직물로 뻣뻣한 촉감과 조직이 얇고 비침이 있는 점이 특징이다. 비슷한 이름으로 아리 노방, 물노방 등이 있으며, 화섬으로 저렴하고 세탁이 용이하다.
- 크리스탈 : 화섬 노방의 일종으로 아주 얇게 제직되며 빛의 굴절효과에 의해 옷감의 아름다움을 표현한다. 매끄럽고 광택이 있다.
- 갑사 : 얇은 견 직물로 짜인 모양이 거북모양(甲)과 비슷하여 갑사(甲紗)라고 한다. 무늬가 없는 건 민갑사, 무늬가 있으면 문갑사라고 한다.
- 국사 : 요즘은 화섬 국사가 주를 이루며 갑사와 비슷한 느낌이다.

면 직물

목화솜을 원료로 한 무명실로 짠 직물로 촉감이 부드럽다. 보자기로 사용하는 대표 직물로 광목, T/C가 있다. T/C는 폴리에스테르(polyester)의 T와 코튼(cotton)의 C를 뜻하며, 면에 폴리에스테르가 혼방되어 있는 합성 직물이다.

마 직물

마 식물을 원료로 한 직물로 리넨, 모시, 삼베가 있으며 보자기로는 리넨과 모시를 주로 사용한다. 리넨은 아마식물 줄기에서 추출한 원료로 만든 직물로, 땀 흡수가 좋고 통풍에 용이하여 여름용 소재로 많이 쓰이지만 뻣뻣하고 구김이 잘 생기는 단점이 있다. 이런 단점을 보완하기 위해 면 또는 폴리 혼방 직물을 생산하기도 한다.

리넨에는 워싱 리넨과 피그먼트 리넨이 있으며, 워싱 가공을 거친 리넨을 워싱 리넨이라고 한다. 대표적인 워싱 가공으로는 효소(Bio)를 이용한 바이오 워싱, 사포를 이용한 피치 워싱, 돌을 이용한 스톤 워싱 등이 있다. 피그먼트 리넨은 염색에 의해 붙여진 이름으로 염색 과정에서 여러 번 삶는 유연과정을 거치면서 촉감은 부드러워지고 색감은 은은하고 빈티지한 느낌이 난다. 이러한 과정을 거친 리넨은 세탁 후 수축이 거의 일어나지 않는다.

모시는 저마(모시풀)의 껍질을 원료로 제직한 직물이며, 삼베는 대마(삼)의 껍질을 원료를 이용한 직물로 제직하는 방법은 비슷하지만 재료에 차이가 있다.

4 보자기 판매처

좋은날 보자기(www.gooddaybojagi.com)

보자기 사랑(www.bojagilove.com)

5 보자기 원단 판매처

광장시장

대광 모시향기 : 02 2279 7450(서울시 종로구 예지동 296-19)

미성상회 : 02 2279 9658(서울시 종로구 청계천로 205 평화직물 143호)

대영상회 : 02 2279 7589(서울시 종로구 예지동 광장시장 대한직물 1층)

보자기 매듭을 예쁘게 묶는 방법

1 고무줄 묶는 방법

고무줄은 길이와 보자기 원단의 두께에 따라서 상황에 맞게 묶는다.

보자기 원단이 얇을 때는 고무줄 한 개를 한 번 감아 두 겹으로 만든 후 사용한다.

보자기 원단이 두꺼울 때는 고무줄 두 개를 겹쳐 이용하면 조금 더 튼튼하게 보자기를 묶을 수 있다.

2 보자기 귀끼리 묶는 방법

#한 가닥 매듭

① 보자기의 한쪽 귀를 잡고 오른쪽으로 꺾는다.

② 시계 방향으로 한 바퀴 돌린다.

③ 한 바퀴 돌리면서 생긴 공간 안으로 보자기 귀를 넣는다.

④ 보자기 귀를 위로 빼낸다.

⑤ 빼낸 보자기 귀를 당겨 정리하면 완성!

#두 가닥 매듭

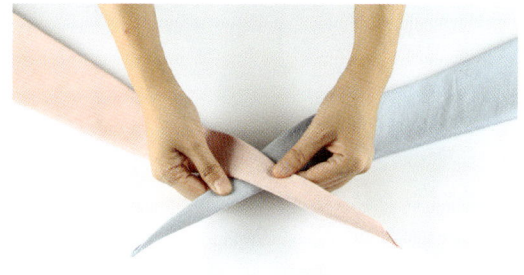

① 왼쪽에 있는 보자기 귀를(분홍색) 오른쪽 보자기 귀(하늘색) 위로 올린다.

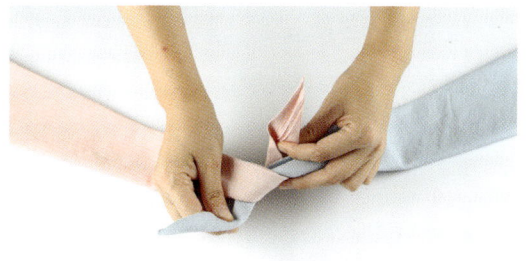

② 분홍색 보자기 귀로 하늘색 보자기 귀를 감싸서 묶은 후 당긴다.

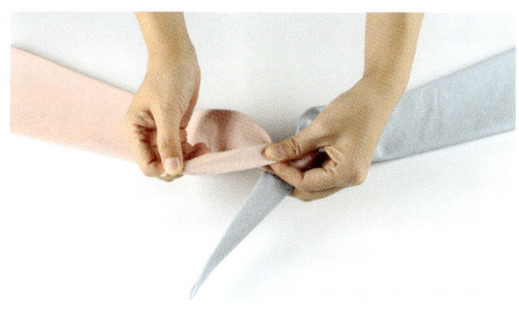

③ 분홍색 보자기 귀의 끝이 왼쪽으로 가도록 잡는다.

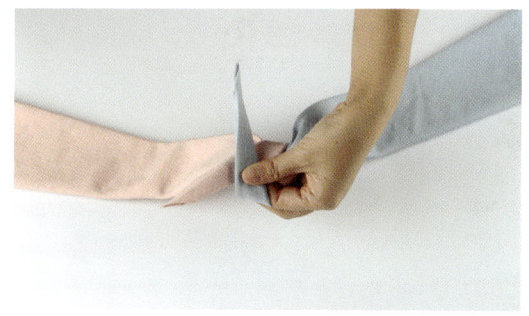

④ 아래에 있는 하늘색 보자기 귀를 분홍색 보자기 귀 위에 얹는다.

⑤ 하늘색 보자기 귀로 분홍색 보자기 귀를 감싸듯 돌려 묶는다.

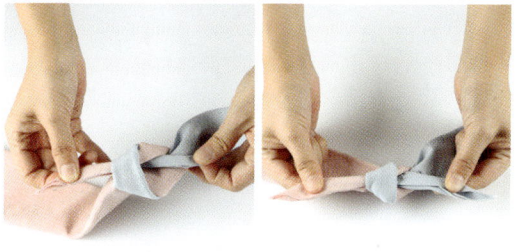

⑥ 양쪽 보자기 귀를 같은 힘으로 지그시 당기면 완성!

3 사각 상자 포장 방법 - 윗면 마감하는 방법

#사각 포장 기본

① 보자기를 마름모꼴로 펴놓은 후 상자를 한가운데 둔다.

② 아래쪽에 있는 보자기 자락으로 상자를 덮는다.

③ 위쪽에 있는 보자기 자락으로 상자 위를 덮는다.

④ 원하는 매듭으로 보자기를 포장한다.

#보자기 안쪽 면이 나오는 포장

① 보자기를 마름모꼴로 펴놓은 후 상자를 한가운데 둔다.

② 위쪽에 있는 보자기 자락으로 상자 위를 덮는다.

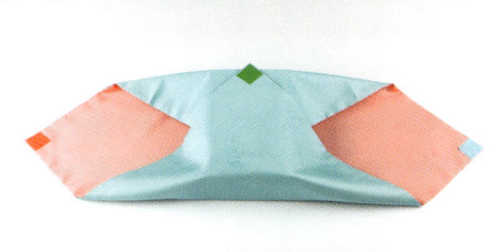

③ 아래쪽에 있는 보자기 자락으로 상자를 덮는다.

④ 덮은 아래쪽 자락을 반대 방향으로 접어 보자기 안쪽 색이 나오도록 해준다.

⑤ 원하는 매듭으로 보자기를 포장한다.

#보자기 원단을 안쪽으로 넣어 깔끔한 포장

① 보자기를 마름모꼴로 펴놓은 후 상자를 한가운데 둔다.

② 위쪽에 있는 보자기 자락으로 상자 위를 덮고 남는 부분은 상자 밑으로 넣는다.

③ 아래쪽에 있는 보자기 자락의 끝을 접어 상자 크기와 맞춘다.

④ 접은 보자기로 상자 위를 덮는다.

⑤ 원하는 매듭으로 보자기를 포장한다.

#안쪽 원단이 일자 무늬로 나오는 포장

① 보자기를 마름모꼴로 펴놓은 후 상자를 한가운데 둔다.

② 위쪽에 있는 보자기 자락으로 상자 위를 덮고 남는 부분은 상자 밑으로 넣는다.

③ 아래쪽에 있는 보자기 자락으로 상자 위를 덮는다.

④ 상자보다 길게 나온 보자기 자락을 상자 크기에 맞춰 반대 방향으로 접는다.

⑤ 한 번 더 접어 보자기 안쪽 면이 상자 가운데 있도록 위치를 잡는다.

⑥ 원하는 매듭으로 보자기를 포장한다.

PART 2

전 통 원 단

01 수국 매듭 포장

수국을 닮은 보자기 매듭이에요.
매듭 모양이 수국처럼 풍성하고 만들기가 쉬워 선물 포장으로 활용하기 좋답니다.
보자기 원단에 따라서 느낌이 달라지니 노방, 겹보, 리넨 등에 다양하게 응용해보세요.

• How to Make •

1 보자기를 마름모꼴로 펴놓은 후 상자를 한가운데 둔다.

2 상자 윗면 가운데에서 보자기 위아래 자락(■, ■)을 잡는다.

3 보자기의 오른쪽 자락(■)을 올려 가운데서 같이 잡는다.

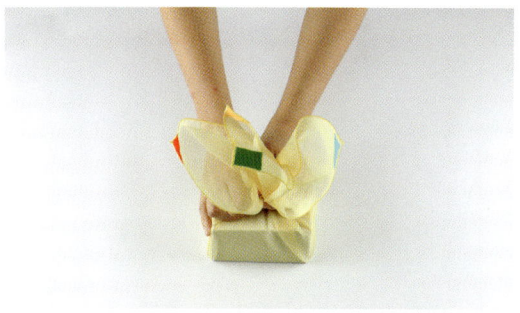

4 반대쪽 자락(■)도 똑같이 끌어 올려 가운데서 모아 잡는다.

5 잡았던 부분을 고무줄로 묶는다.

6 마주보고 있는 보자기 자락을 쫙 편 다음, 4개의 길이가 똑같도록 정리한다.

7 한 쪽 귀를 바깥 방향으로 젖혀 고무줄 밑으로 빼낸 후 귀가 접히지 않도록 펴준다.

8 나머지 귀 3개도 **7**과 같은 방법으로 귀를 빼준다.

9 가운데 꽃이 풍성하고, 보자기 귀의 길이가 같도록 정리하면 완성!

02 카네이션 매듭 포장

카네이션 꽃잎처럼 보자기의 매듭이 풍성해서 더욱 예뻐 보여요.
상자에 비해 보자기가 많이 큰 경우에 활용하면 좋아요.
수국 매듭을 응용하면 묶을 수 있어서 쉽게 할 수 있답니다.

• How to Make •

1 보자기를 마름모꼴로 펴놓은 후 상자를 한가운데 둔다.

2 상자 윗면 가운데에서 보자기 위아래 자락(■, ■)을 잡는다.

3 남은 오른쪽, 왼쪽 자락(■, ■)을 올려 가운데서 모아 잡는다.

4 잡았던 부분을 고무줄로 묶는다.

5 마주보고 있는 보자기 자락을 쫙 편 다음, 4개의 길이가 똑같도록 정리한다.

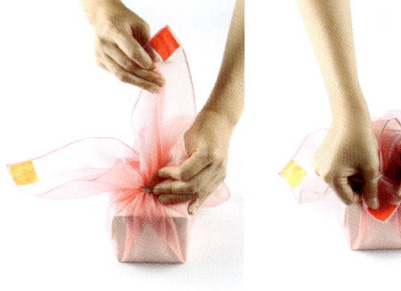

6 한 쪽 귀를 바깥 방향으로 젖혀 고무줄 밑으로 빼낸다.

7 고무줄 밑으로 나온 보자기 귀가 접히지 않도록 예쁘게 펴준다.

8 나머지 귀 3개도 **6**과 같은 방법으로 귀를 빼준다.

9 가운데 꽃이 풍성하고, 보자기 귀의 길이가 같도록 정리한다.

10 앞으로 나온 빨간색 보자기 귀를 들어 다시 한 번 고무줄 밑으로 통과시켜 빼낸다.

11 남은 보자기 귀 3개도 **10**과 같은 방법으로 귀를 빼준다.

12 가운데 꽃이 풍성하고, 보자기 귀의 길이가 같도록 사진처럼 정리한다.

카네이션 매듭 포장

13 밖으로 보이는 보자기 귀를 사진처럼 고무줄 아래로 넣어 보이지 않게 정리하면 완성!

03 새싹 매듭 포장

새싹처럼 귀여운 느낌의 매듭이에요.
매듭이 새싹 모양으로 나와야 해서 부드러운 원단 보다는 힘이 있는 원단을 추천해요.
보자기 크기가 작아서 매듭을 묶기 어려울 때 고무줄로 간단히 묶을 수 있는 매듭이에요.

• How to Make •

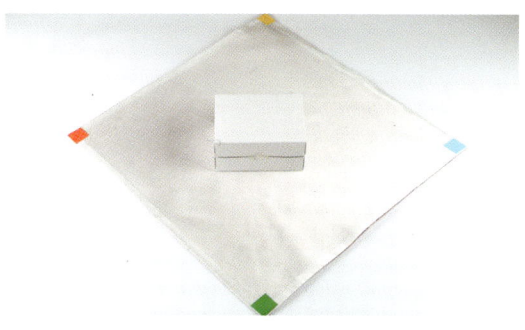

1 보자기를 마름모꼴로 펴놓은 후 상자를 한가운데 둔다.

2 위쪽에 있는 보자기 자락으로 상자를 덮고 남는 부분은 상자 밑으로 넣는다.

3 아래쪽에 있는 보자기 귀(■)의 끝을 상자 폭에 맞게 사진처럼 접는다.

4 접은 보자기로 상자 위를 덮는다.

5 상자의 모서리에서 보자기를 가운데로 모아 잡은 다음, 보자기 귀(■) 끝을 당긴다.

6 당긴 보자기 귀를 상자 가운데로 모은 후 손으로 그 위를 지그시 눌러 고정시킨다.

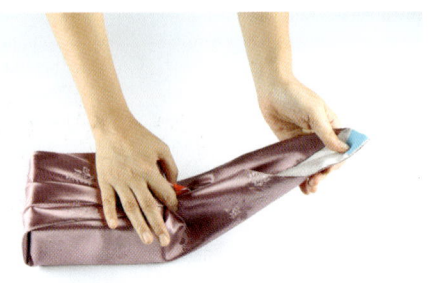 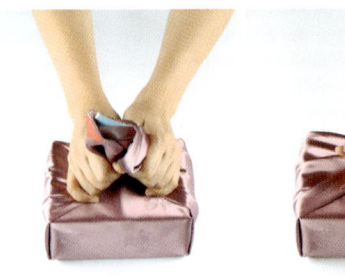

7 반대쪽 보자기 귀도 정리해서 귀 끝을 당긴다.
(5 참고)

8 보자기의 양쪽 귀를 상자 가운데로 모은다.

9 모은 보자기 귀의 아래쪽을 고무줄로 묶는다.

10 귀를 양쪽으로 당겨 팽팽하게 만든다.

11 보자기의 안쪽이 보이도록 펴준다.

12 반대쪽도 안쪽이 보이게 펴준다.

13 상자의 옆면을 깔끔하게 정리하면 완성!

04 리본 매듭 포장

큰 리본이 너무 귀여워서 딸아이한테 선물할 때 많이 활용하는 매듭이에요.
리본 매듭을 본 아이나 어른은 하나같이 보자기로 이런 매듭도 만들 수 있는지 신기해하죠.

• How to Make •

1 보자기를 마름모꼴로 펴놓은 후 상자를 한가운데 둔다.

2 위쪽에 있는 보자기 자락으로 상자를 덮고 남는 부분은 상자 밑으로 넣는다.

3 아래쪽에 있는 보자기(■) 자락으로 상자 위를 덮는다.

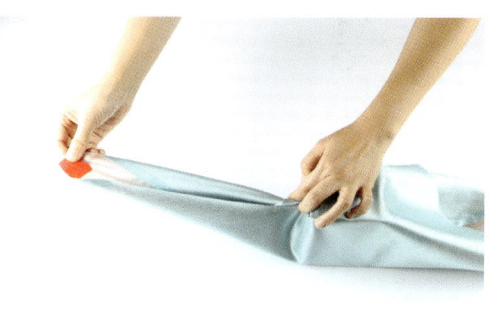

4 상자의 모서리에서 보자기를 가운데로 모아 잡고 보자기 귀 끝을 당긴다.

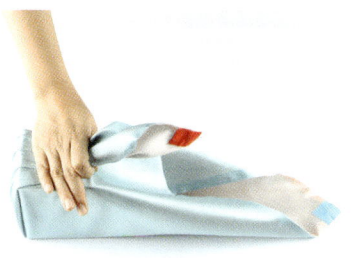

5 **4**의 보자기 귀를 상자 가운데로 모아 손으로 보자기 위를 지그시 눌러 고정시킨다.

6 반대쪽 귀의 끝도 사진처럼 당긴다. (**4** 참고)

7 6의 보자기 귀도 정리해서 상자 가운데로 모은다.

8 가운데로 모은 보자기 귀의 아래쪽을 고무줄로 묶는다.

9 묶은 보자기 귀를 양쪽으로 당겨 팽팽하게 해준다.

10 고무줄로 묶었던 보자기 자락을 가지런히 정리해서 폭을 좁게 만든다.

11 정리한 보자기 귀를 사진처럼 고무줄 가운데로 넣는다.

12 반대쪽 귀도 가지런히 정리해서 폭을 좁게 만들어 고무줄 가운데로 넣는다.

13 앞으로 나온 보자기 자락(■)의 좌우를 조금씩 잡아당겨 가운데로 모은다.

14 보자기 자락의 폭을 좁게 접은 후 사진처럼 **12**에서 만든 리본의 가운데를 감싼 다음 리본 아래로 넣는다.

15 리본의 볼륨감을 살려준다.

16 상자의 옆면을 깔끔하게 정리하면 완성!

05 나비 매듭 포장

나비 매듭은 보자기의 양쪽 귀로 묶는 방법으로,
다른 보자기 포장에서 매듭을 묶을 때 계속 반복해서 사용하는 매듭이에요.
조금 복잡할 수도 있지만 잘 익혀두면 다양하게 활용할 수 있어요.

• How to Make •

1 보자기를 마름모꼴로 펴놓은 후 상자를 한가운데 둔다.

2 위쪽에 있는 보자기 자락으로 상자를 덮고 남는 부분은 상자 밑으로 넣는다.

3 아래쪽에 있는 보자기 귀(■)의 끝을 상자 폭에 맞게 사진처럼 접는다.

4 접은 보자기로 상자 위를 덮는다.

5 상자의 모서리에서 보자기를 가운데로 모아 잡고 보자기 귀 끝을 당긴다.

6 당긴 보자기 귀를 상자 가운데로 모은 후 손으로 지그시 눌러 고정시킨다.

7 반대쪽 보자기도 상자의 모서리에서 보자기를 가운데로 모아 잡고 보자기 귀 끝을 당긴다.

8 당긴 보자기 귀를 정리해서 상자 가운데로 모은다.

9 빨간색 귀를 뒤로, 파란색 귀를 앞으로 해서 사진처럼 당긴다.

10 빨간색 보자기 귀로 파란색 보자기 귀를 감싸서 묶은 후 당긴다.

11 빨간색 보자기 귀의 끝이 왼쪽으로 가도록 잡아준다.

12 아래에 있는 파란색 보자기 귀로 빨간색 보자기 귀를 감싸듯 돌려 묶는다.

13 양쪽 보자기 귀를 같은 힘으로 지그시 당긴 후 예쁘게 정리한다.

14 상자의 옆면을 깔끔하게 정리하면 완성!

06 일자 매듭 포장

어느 상자에나 어울리지만 납작하고 긴 상자에 더욱 잘 어울리는 보자기 매듭이에요.
딱 떨어지는 느낌으로 단아하고 깔끔해서 어른께 선물할 때 유용한 포장이에요.

• How to Make •

1 보자기를 마름모꼴로 펴놓은 후 상자를 한가운데 둔다.

2 위쪽에 있는 보자기 자락으로 상자를 덮고 남는 부분은 상자 밑으로 넣는다.

 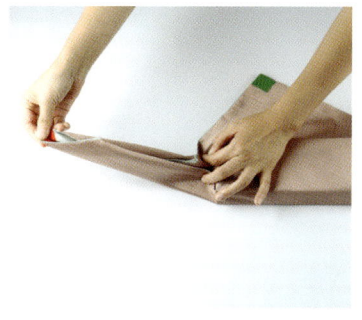 

3 아래쪽에 있는 보자기 자락으로 상자 위를 덮는다.

4 상자의 모서리에서 보자기를 가운데로 모아 잡고 보자기 귀의 끝을 당긴다.

5 4의 보자기 귀를 상자 가운데로 모은 다음 윗면을 지그시 눌러 고정시킨다.

 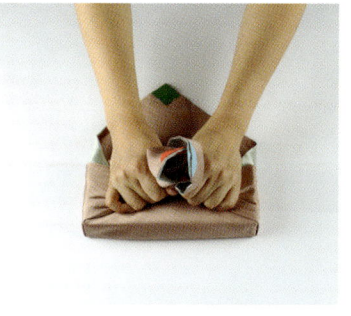 

6 반대쪽 보자기도 4와 같은 방법을 반복한다.

7 보자기 귀를 정리해서 상자 가운데로 모은다.

8 빨간색 귀를 뒤로. 파란색 귀를 앞으로 해서 사진처럼 당긴다.

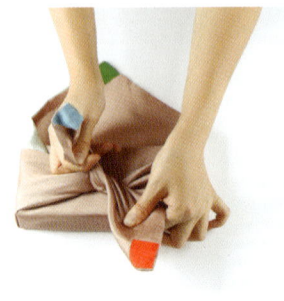 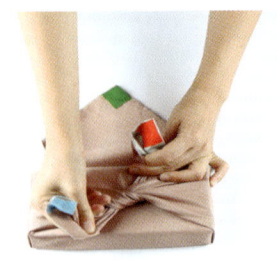

9   빨간색 보자기 귀로 파란색 보자기 귀를 감싸서 묶은 후 당긴다.

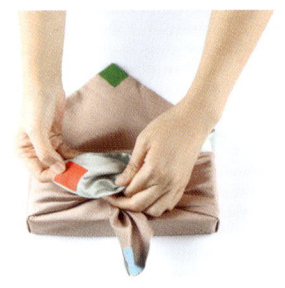 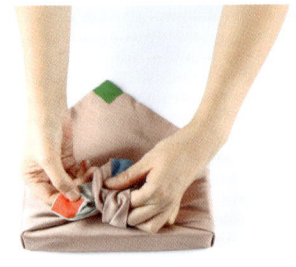

10   빨간색 보자기 귀의 끝이 왼쪽으로 가도록 잡아준다.

11   아래에 있는 파란색 보자기 귀로 빨간색 보자기 귀를 감싸듯 돌려 묶는다.

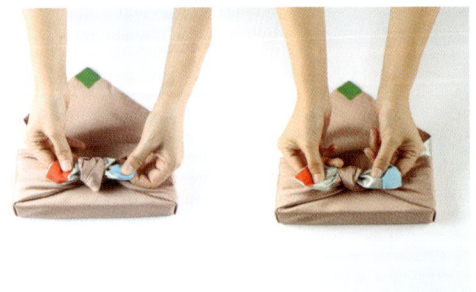 

12   양쪽 보자기 귀를 같은 힘으로 지그시 당긴 후 예쁘게 정리한다.

13   리본이 너무 길면 가운데로 접어 모은다.

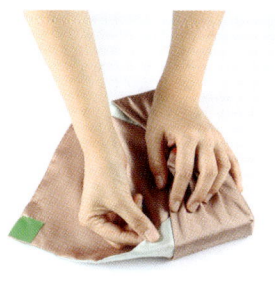  

14 앞으로 길게 나온 보자기 자락의 좌우를 조금씩 당겨 가운데로 모은다.

 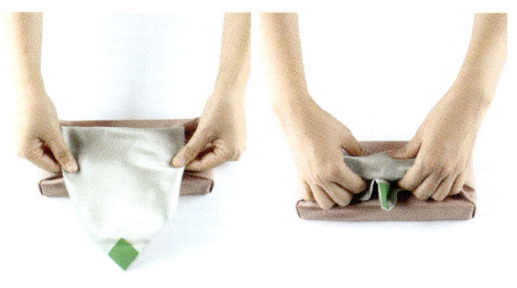

15 14의 보자기 자락을 알맞은 폭으로 접는다.

16 접은 자락으로 12에서 만든 리본 위를 덮은 다음 리본을 감싸면서 아래로 넣는다.

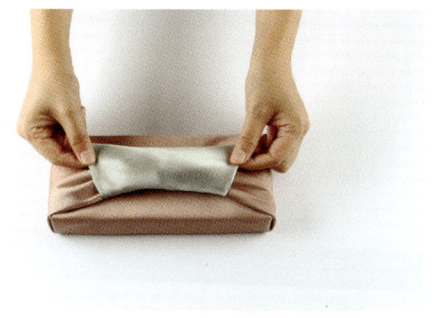 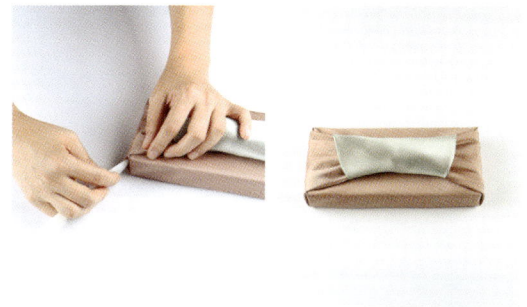

17 윗부분의 매듭을 쫙 펴서 구김을 없앤다.

18 상자의 옆면을 깔끔하게 정리하면 완성!

07 칼라 매듭 포장

고급 꽃바구니나 꽃다발을 만들 때 주로 쓰이는 꽃 칼라를 닮은 매듭이에요.
모양이 단아한 매듭이어서 노리개를 함께해주면 잘 어울려요.

• How to Make •

1 보자기를 마름모꼴로 펴놓은 후 상자를 한가운데 둔다.

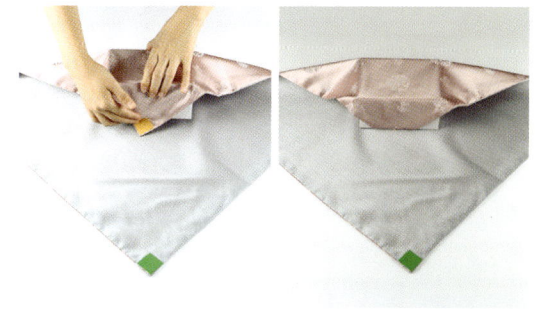

2 위쪽에 있는 보자기 자락으로 상자를 덮고 남는 부분은 상자 밑으로 넣는다.

3 상자의 모서리에서 보자기를 가운데로 모아 잡은 다음 보자기 귀 끝을 당긴다.

4 3의 보자기 귀를 상자 가운데로 모은 후 손으로 보자기 위를 지그시 누른다.

5 반대쪽 보자기도 상자의 모서리에서 보자기를 가운데로 모아 잡은 다음 보자기 귀 끝을 당긴다.

6 반대쪽 보자기 귀도 정리해서 상자 가운데로 모은다.

7 빨간색 귀를 뒤로, 파란색 귀를 앞으로 해서 사진처럼 당긴다.

8 빨간색 보자기 귀로 파란색 보자기 귀를 감싸서 묶은 후 당긴다.

9 빨간색 보자기 귀의 끝이 왼쪽으로 가도록 잡아준다.

10 아래에 있는 파란색 보자기 귀로 빨간색 보자기 귀를 감싸듯 돌려 묶는다.

11 양쪽 보자기 귀를 같은 힘으로 지그시 당겨 매듭이 예쁘게 묶여지도록 정리한다.

12 리본이 너무 길면 가운데로 접어 모아준다.

13 앞쪽에 길게 나와 있는 보자기 자락을 정리해서 사진처럼 안쪽 면이 밖으로 나오게 만든다.

14 13의 보자기 자락을 사진처럼 리본 밑으로 넣고 당긴다.

15 당긴 보자기 자락을 적당한 폭으로 정리한다.

16 안쪽의 면이 나오도록 반대쪽으로 뒤집는다.

17 보자기의 양쪽 가장자리는 각이 지게 접어서 세워 정리한다.
＊사진처럼 각이 서 있어야 꽃잎의 볼륨감을 살릴 수 있어요.

〈앞〉　　　　　　〈뒤〉

18 상자의 옆면을 깔끔하게 정리하면 완성!

08 만두 매듭 포장

만두의 주름을 닮은 포장이에요.
매듭을 감을 때 보자기 자락을 살짝 당겨 감아주면 자연스러운 주름이 나와서 단아함을 더해줘요.

• How to Make •

1 보자기를 마름모꼴로 펴놓은 후 상자를 한가운데 둔다.

2 상자 윗면 가운데에서 보자기 양옆 자락(■, ■)을 잡는다.

3 빨간색 귀를 뒤로, 파란색 귀를 앞으로 해서 사진처럼 당긴다.

4 빨간색 보자기 귀로 파란색 보자기 귀를 감싸서 묶은 후 당긴다.

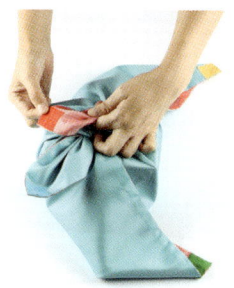

5 빨간색 보자기 귀의 끝이 왼쪽으로 가도록 잡아준다.

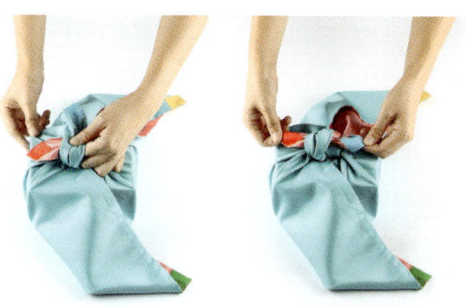

6 아래에 있는 파란색 보자기 귀로 빨간색 보자기 귀를 감싸듯 돌려 묶는다.

7 양쪽 보자기 귀를 같은 힘으로 지그시 당겨 매듭이 예쁘게 묶여지도록 정리한다.

8 리본이 너무 길면 가운데로 접어 모아준다.

9 묶은 리본 밑으로 초록색 보자기 귀를 빼낸다.

10 반대 방향에서 노란색 보자기 귀도 빼낸다.

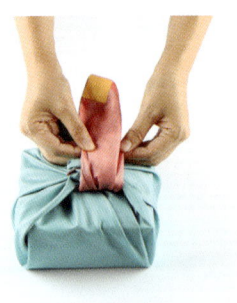

11 노란색 보자기 귀를 뒤집어 보자기 안쪽 면이 나오게 한다.

12 노란색 보자기 귀로 **8**에서 묶어둔 리본 위를 감싸서 아래로 넣는다.

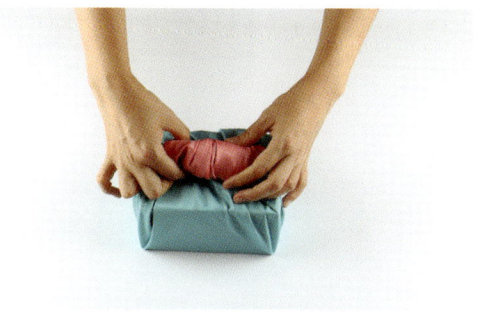

13 초록색 보자기 귀도 뒤집어 보자기 안쪽 면이 나오게 한다.

14 초록색 보자기 귀로 리본 위를 감싼 다음 아래로 넣어 고정시킨다.

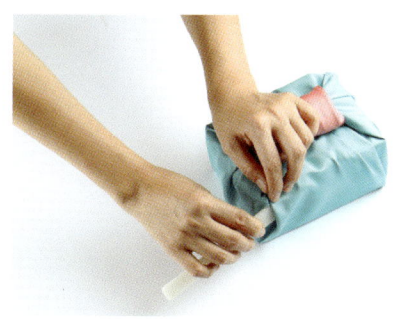

15 상자의 옆면을 깔끔하게 정리하면 완성!

09 사방 매듭 포장

사방으로 펼쳐진 보자기 귀 네 개가 꽃처럼 예쁜 매듭이에요.
보자기 귀의 길이가 같으면 매듭 모양이 더 예뻐서 정사각형 상자에 잘 어울려요.

• How to Make •

1 보자기를 마름모꼴로 펴놓은 후 상자를 한가운데 둔다.

2 상자 윗면 가운데에서 보자기 양옆 자락(■, ■)을 당겨 모은다.

3 빨간색 귀를 뒤로, 파란색 귀를 앞으로 해서 사진처럼 당긴다.

4 빨간색 보자기 귀로 파란색 보자기 귀를 감싸서 묶은 후 당긴다.

5 빨간색 보자기 귀의 끝이 왼쪽으로 가도록 잡아준다.

6 아래에 있는 파란색 보자기 귀로 빨간색 보자기 귀를 감싸듯 돌려 묶는다.

7 양쪽 보자기 귀를 같은 힘으로 지그시 당겨 매듭이 예쁘게 묶여지도록 정리한다.

8 상자 윗면 가운데에서 보자기 양옆 귀(■, ■)를 잡는다.

9 초록색 귀를 뒤로, 노란색 귀를 앞으로 해서 사진처럼 당긴다.

10 초록색 보자기 귀로 노란색 보자기 귀를 감싸서 묶은 후 당긴다.

56 사방 매듭 포장

11 초록색 보자기 귀의 끝이 왼쪽으로 가도록 잡아준다.

12 아래에 있는 노란색 보자기 귀로 초록색 보자기 귀를 감싸듯 돌려 묶는다.

13 양쪽 보자기 귀를 같은 힘으로 지그시 당겨 매듭이 예쁘게 묶여지도록 정리한다.

14 보자기의 주름을 펴서 보자기 귀를 예쁘게 정리하면 완성!

저고리 매듭 포장

한복 저고리 모양을 닮은 포장 방법이에요.
옷고름처럼 단아한 매듭이 포인트예요.

• How to Make •

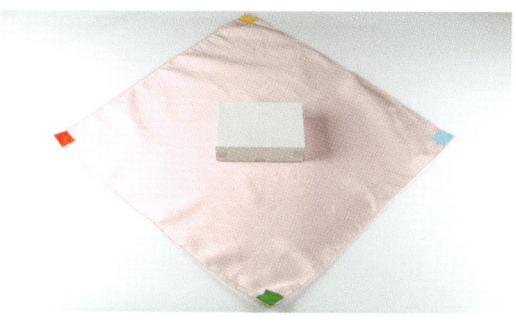

1 보자기를 마름모꼴로 펴놓은 후 상자를 한가운데 둔다.

2 아래쪽에 있는 보자기(■) 자락으로 상자를 덮는다.

3 남는 보자기는 상자 밑으로 넣는다.

4 상자의 모서리에서 보자기를 가운데로 모아 잡고 보자기 귀 끝을 당긴다.

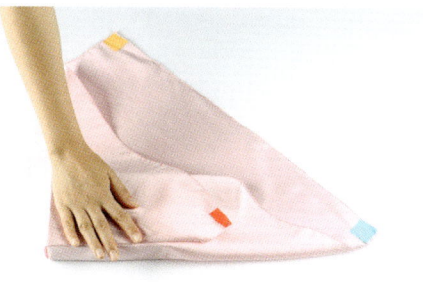

5 당긴 귀로 상자를 덮은 후 손으로 보자기 위를 지그시 누른다.

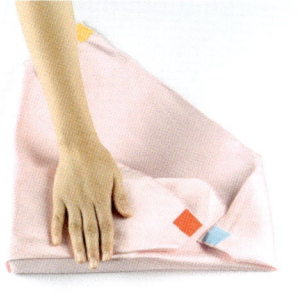

6 반대쪽 보자기는 사진처럼 상자 크기에 맞춰 접는다.

7 접은 부분을 당겨 상자 위를 덮는다.

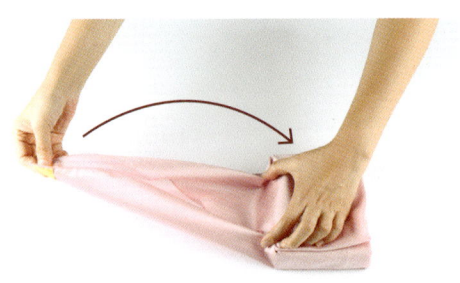

8 남아있는 보자기 자락은 사진처럼 잡아당겨서 상자 위를 덮는다.

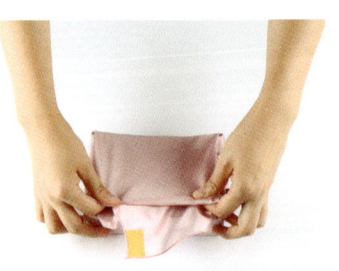

9 남아있는 보자기 자락은 사진처럼 플라스틱폴더를 이용해 안으로 넣는다.

10   상자에 맞게 보자기를 잘 정리한다.

11   끈 위에 상자를 놓고 리본을 묶으면 완성!

세 잎 매듭 포장

새싹이 나와 있는 듯한 모양의 매듭이에요.
높고 긴 상자에 잘 어울리고 고무줄이나 끈이 없을 때 보자기 자락으로 감아 묶을 수 있어서 편리해요.

• How to Make •

1 보자기를 마름모꼴로 펴놓은 후 상자를 한가운데 둔다.

2 상자 윗면 가운데에서 보자기 위아래 자락(■, ■)을 잡는다.

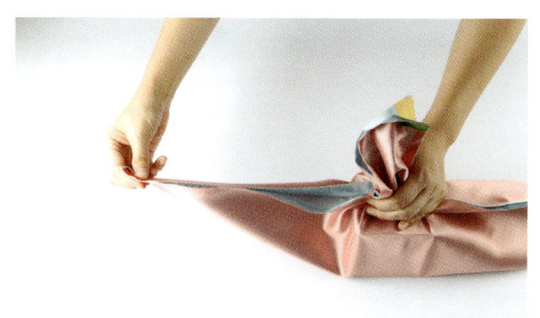

3 사진처럼 왼쪽 보자기 귀의 끝을 당긴다.

4 당긴 보자기 귀를 상자 가운데로 모아 잡는다.

5 반대쪽 보자기 귀의 끝도 당긴다.

6 당긴 보자기 귀도 상자 가운데로 모아 잡은 다음 귀 4개의 길이가 똑같도록 정리한다.

7 보자기 귀(■) 한 개로 나머지 세 귀 아래 부분을 돌려 감싼다.

8 돌려 감싼 보자기 귀의 끝을 사진처럼 틈에 넣는다.

9 귀 끝을 당겨 단단하게 묶는다.

10 위로 나온 보자기 귀의 길이가 똑같게 정리한다.

11 정리한 보자기 귀를 뒤집어 안쪽 면이 나오도록 정리한다.

12   상자의 옆면을 깔끔하게 정리하면 완성!

장미 매듭 포장

선물 포장에 장미 한 송이를 올리고 싶을 때 사용해보세요.
겹보자기로 매듭을 묶으면 장미의 색이 반대로 나와서 꽃이 더 돋보여요.

• How to Make •

1 보자기를 마름모꼴로 펴놓은 후 상자를 한가운데 둔다.

2 위쪽에 있는 보자기 자락으로 상자를 덮고 남는 부분은 상자 밑으로 넣는다.

3 아래쪽에 있는 보자기 귀 끝을 상자 크기에 맞춰 접는다.

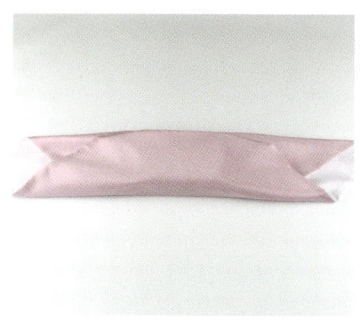

4 접은 보자기로 상자 위를 덮는다.

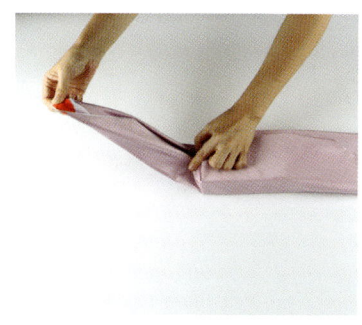

5 상자의 모서리에서 보자기를 가운데로 모아 잡고 보자기 귀의 끝을 당긴다.

6 5의 보자기 귀를 상자 가운데로 모은 다음 손으로 보자기 위를 지그시 눌러 고정시킨다.

7 반대쪽 보자기 귀도 상자의 모서리에서 보자기를 가운데로 모아 잡고 보자기 귀 끝을 당긴다.

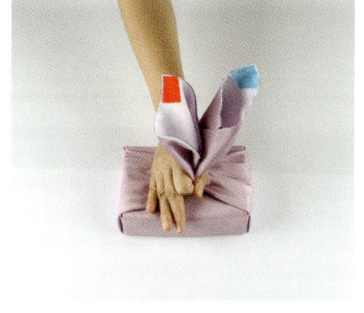

8 7의 보자기 귀도 정리해서 상자 가운데로 모은다.

9 가운데로 모은 보자기 귀 아래를 고무줄로 묶는다.

10 묶은 보자기 귀를 양쪽으로 팽팽하게 당긴다.

11 보자기 귀의 안쪽 면이 보이게 펴준다.

12 반대쪽 보자기 귀도 안쪽 면이 보이게 펴준다.

13 보자기 귀 끝을 잡고 당겨 주름을 만든다.

14 사진처럼 중간쯤을 집게로 집는다.

15 반대쪽 보자기 귀도 끝을 잡고 당겨 주름을 만든다.

16 사진처럼 보자기 귀의 중간쯤을 손으로 잡는다.

17 16의 보자기 귀를 반 바퀴 돌린 후 살짝 눌러 고정시킨다.

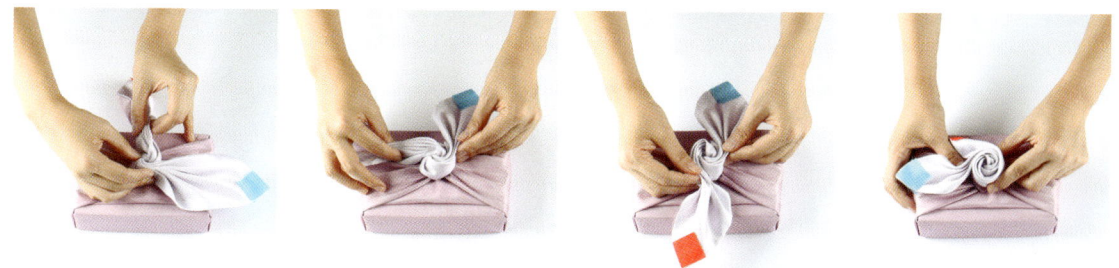

18 집게로 집어뒀던 보자기 귀도 집게를 빼고 돌린 후 사진처럼 감는다.

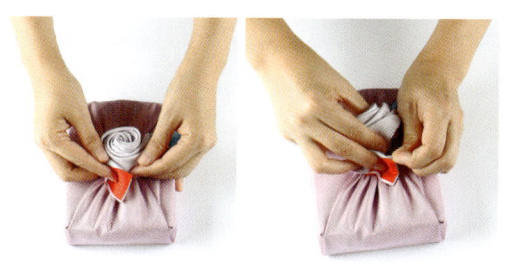 

19 보자기 귀가 짧아지면 고무줄 안쪽으로 넣는다.

20 길게 남은 부분은 고무줄 밑으로 넣어 잎사귀를 만든다.

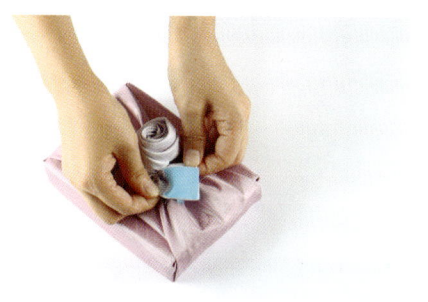 

21 잎사귀 부분을 예쁘게 펴서 정리하면 완성!

정 매듭 포장

한자 우물 정(井)을 닮아서 정 매듭이에요.
어렸을 때 딱지 접기 했던 추억을 떠올리면서 보자기 자락을 하나하나 겹쳐 포개어 올려주면
어렵지 않게 묶을 수 있어요.

• How to Make •

1 보자기를 마름모꼴로 펴놓은 후 상자를 한가운데 둔다.

2 상자 윗면 가운데에서 보자기 좌우 자락(■, ■)을 당겨 잡는다.

3 빨간색 귀를 뒤로, 파란색 귀를 앞으로 한 후 빨간색 보자기 귀로 파란색 보자기 귀를 감싸 묶어서 당긴다.

4 노란색 귀를 뒤로, 초록색 귀를 앞으로 한 후 노란색 보자기 귀로 초록색 보자기 귀를 감싸서 묶은 후 당긴다.

5 보자기 귀를 당겨 길이가 같도록 정리한다.

6 보자기 네 귀를 모두 뒤집어 안쪽 면이 나오게 한다.

7 보자기 귀 하나(■)을 사진처럼 잡는다.

8 그 위로 옆에 있는 보자기 귀(■)를 포개어 얹는다.

9 그 위로 옆에 있는 보자기 귀(■)를 다시 한 번 포개어 얹는다.

10 마지막 귀(■)를 포개어 얹은 후 제일 처음에 만들었던 보자기 귀 밑으로 넣는다.

11 보자기 네 귀를 간격을 맞춰 당겨서 정리한다.

12 보자기 귀를 사진처럼 들어 옆에 있는 보자기 귀를 당긴 후 그 아래로 넣는다.

13 나머지 보자기 귀 3개도 **12**를 반복하면 완성!

겹 수국 매듭 포장

보자기 두 장을 겹쳐서 묶는 매듭이라 화려함이 포인트예요.
두 장 중 하나는 비치지 않는 산탄이나 슬라브로,
다른 하나는 비치는 원단인 노방이나 크리스탈 보자기를 사용해보세요.

• How to Make •

1 보자기 2장을 겹쳐서 마름모꼴로 놓은 후 상자를 보자기 한가운데에 둔다.

2 상자 윗면 가운데에서 보자기 위아래 자락(🟨, 🟩)을 잡는다.

3 남은 오른쪽과 왼쪽 자락(🟥, 🟦)을 올려 가운데에서 모아 잡는다.

4 잡고 있는 부분을 고무줄로 묶는다.

5 마주보고 있는 보자기 자락을 쫙 편 다음, 4개의 길이가 똑같도록 정리한다.

6 안쪽 보자기는 안으로, 바깥쪽 보자기는 밖으로 서로 반대 방향으로 당긴다.

7   안쪽 보자기 귀 4개는 가운데로 모으고, 바깥쪽 보자기 귀는 사방으로 펼친다.

8   안쪽 보자기 귀는 하나씩 사진처럼 가운데로 주름을 자연스럽게 잡으면서 넣는다.

 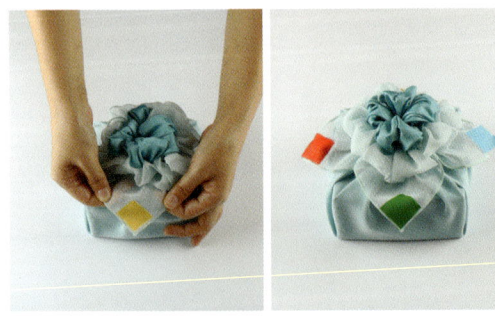

9   바깥쪽 보자기 귀는 사진처럼 고무줄 밑으로 각각 넣는다.

10 고무줄 밑으로 나온 보자기 귀가 접히지 않도록 예쁘게 펴주면 완성!

회오리 매듭 포장

반짝반짝 빛나고 속이 비치는 크리스탈 원단으로 묶은 회오리 매듭 포장이에요.
보자기 두 장으로 수국처럼 묶어서 풍성한 느낌이 잘 살아 있어요.

• How to Make •

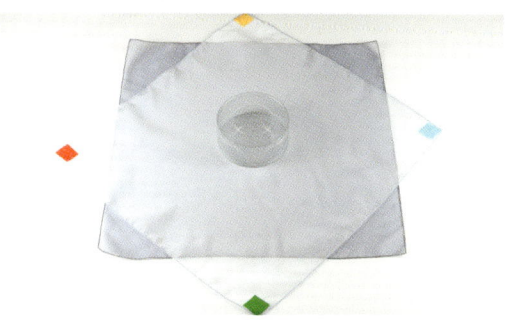

1 보자기 두 장을 사진처럼 엇갈리게 마름모꼴로 놓은 후 상자를 보자기 한가운데에 둔다.

2 상자 윗면 가운데에서 위에 있는 보자기의 위아래 자락(■, ■)을 잡는다.

3 남은 오른쪽과 왼쪽 자락(■, ■)을 올려 가운데에서 모아 잡는다.

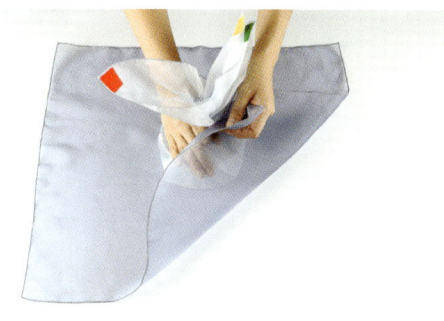

4 바닥에 있는 보자기도 사진처럼 상자 가운데로 모아 잡는다.

5 모아놓은 보자기 자락의 길이가 같도록 정리한다.

6 잡고 있는 부분을 고무줄로 묶는다.

7 마주보고 있는 보자기 자락을 쫙 편 다음, 4개의 길이가 똑같도록 정리한다.

8 보자기 자락이 서로 엇갈리게 정리한다.

9 안쪽 보자기 귀는 사진처럼 고무줄 밑으로 넣는다.

10 고무줄 밑으로 나온 보자기 귀가 접히지 않도록 예쁘게 펴준다.

11 나머지 귀 3개도 9와 10을 반복한다.

12 바깥쪽 보자기 귀는 모두 상자 가운데로 당겨준다.
*모양을 예쁘게 만들기 위한 과정이에요.

13 안쪽 보자기 귀와 귀 사이에 바깥쪽 보자기 귀를 하나씩 넣어 수국 모양을 만들면 완성!

PART 3

면 & 리넨

01 도시락 매듭 포장

정성 가득한 도시락을 보자기로 단단히 묶고 매듭 아래 공간에 작은 손편지를 넣으면
마음을 더할 수 있어요.
작은 꽃을 더해 감성을 전할 수도 있어요.

• How to Make •

1 보자기를 마름모꼴로 펴놓은 후 상자를 한가운데 둔다.

2 위쪽에 있는 보자기 자락으로 상자를 덮고 남는 부분은 상자 밑으로 넣는다.

3 사진처럼 보자기 끝을 접어 상자 크기와 맞춘다.

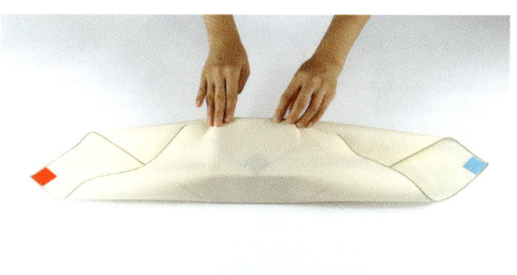

4 아래쪽 보자기로 상자 위를 덮는다.

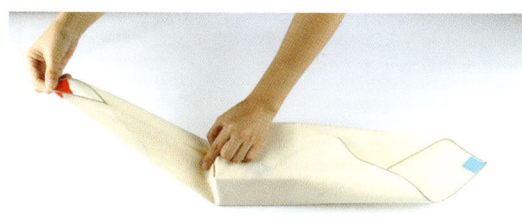

5 상자의 모서리에서 보자기를 가운데로 모아 잡고 보자기 귀 끝을 당긴다.

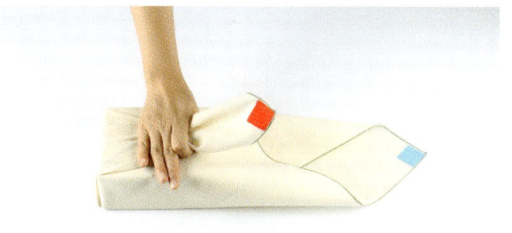

6 당긴 보자기 귀를 상자 가운데로 모은 후 손으로 지그시 눌러 고정시킨다.

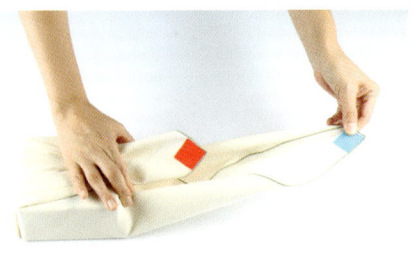

7 반대쪽 보자기도 상자의 모서리에서 보자기를 가운데로 모아 잡고 보자기 귀 끝을 당긴다.

8 당긴 보자기 귀를 정리해서 상자 가운데로 모은다.

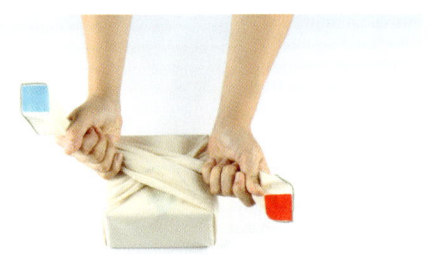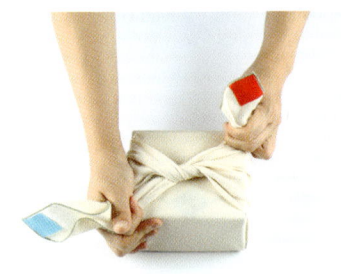

9 빨간색 귀를 뒤로, 파란색 귀를 앞으로 해서 사진처럼 당긴다.

10 빨간색 보자기 귀로 파란색 보자기 귀를 감싸서 묶은 후 대각선 방향으로 당긴다.

11 가운데 묶인 부분을 누르면서 사진처럼 보자기 귀를 틀어 상자 가운데로 모은다.

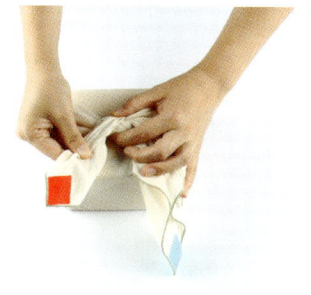 

12 위쪽 보자기 귀(■)는 사진처럼 대각선 아래로 당겨가며 묶인 부분을 감싸준다.

13 보자기 귀 끝은 사진처럼 묶인 부분 끝에 끼워 넣는다.

14 아래쪽 보자기 귀(■)는 사진처럼 대각선 위로 당겨가며 묶인 부분을 감싸준다.

 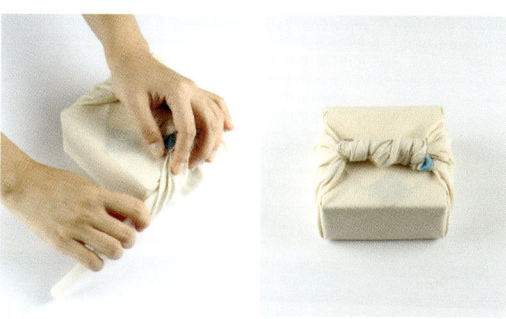

15 보자기 귀 끝을 사진처럼 묶인 부분 끝에 끼워 넣는다.

16 상자의 옆면을 깔끔하게 정리하면 완성!

02 한쪽 리본 매듭 포장

리본이 늘 가운데에 있어야 하는 건 아니라는 생각에 이번에는 한쪽으로 치우치게 리본을 묶어봤어요.
귀여운 리본이 한쪽에만 있으니 왠지 더 사랑스러운 느낌이 나요.

• How to Make •

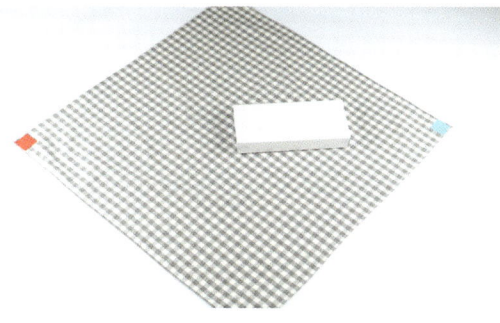

1 보자기를 마름모꼴로 펴놓은 후 상자를 사진처럼 한쪽으로 치우치게 둔다.

2 위쪽에 있는 보자기 자락으로 상자를 덮고 남는 부분은 상자 밑으로 넣는다.

3 사진처럼 보자기 끝을 접어 상자 크기와 맞춘다.

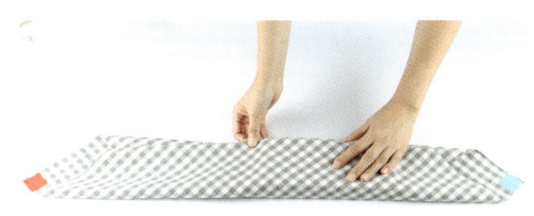

4 아래쪽에 있는 보자기 자락으로 상자 위를 덮는다.

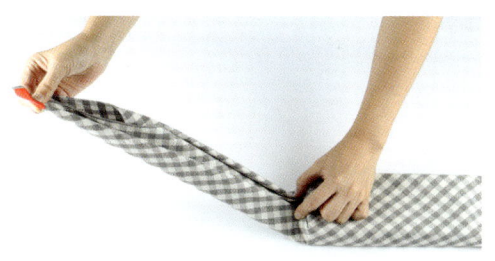

5 상자의 모서리에서 보자기를 가운데로 모아 잡고 보자기 귀(■) 끝을 당긴다.

6 당긴 보자기 귀를 꼬아준다.

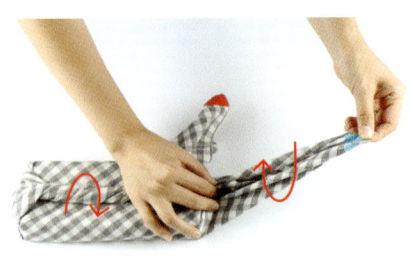

7 꼬아준 보자기 귀를 상자 가운데로 모은 후 손으로 지그시 눌러 고정시킨다.

8 반대쪽 보자기도 상자의 모서리에서 보자기를 가운데로 모아 잡고 보자기 귀 끝을 당긴 후 빨간색 귀와 반대 방향으로 꼬아준다.
  *같은 방향으로 꼬면 꼬임이 풀리므로 꼭 반대 방향으로 꼬아주세요!

9 8에서 꼬아준 보자기 귀도 정리해서 상자의 ⅓ 지점으로 모은다.

10 빨간색 귀를 뒤로, 파란색 귀를 앞으로 해서 사진처럼 당긴다.

11 빨간색 보자기 귀로 파란색 보자기 귀를 감싸서 묶은 후 당긴다.

12 빨간색 보자기 귀의 끝이 왼쪽으로 가도록 잡아준다.

13 아래에 있는 파란색 보자기 귀로 빨간색 보자기 귀를 감싸듯 돌려 묶는다.

14 양쪽 보자기 귀를 같은 힘으로 지그시 당긴 후 정리한다.

15 보자기 귀를 쫙 펴서 리본을 예쁘게 다듬는다.

16 상자의 옆면을 깔끔하게 정리하면 완성!

03
주머니 매듭 포장

소금이나 깨처럼 형태가 유동적인 제품을 포장할 때 활용하면
자연스러운 형태가 살아나는 포장 방법이에요.

• How to Make •

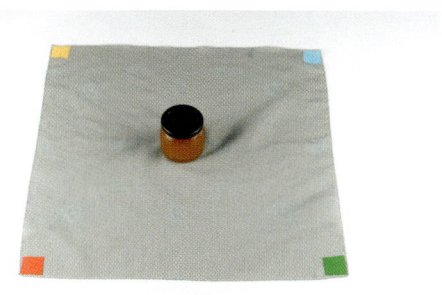

1 보자기를 펴놓은 후 잼병을 한가운데 둔다.

2 보자기가 클 경우에는 잼병 크기에 맞춰 양끝을 사진처럼 접는다.

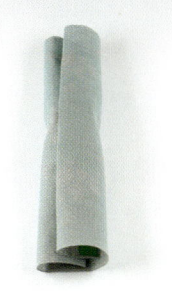

3 접은 보자기 자락으로 잼병 위를 덮는다.

〈옆에서 본 모양〉

4 접은 보자기를 다시 병 위로 각각 접어 사진처럼 만든다.

5 병 위쪽에 고무줄을 느슨하게 묶는다.

6 잼병 위로 보이는 보자기 양끝 자락을 당겨 길이가 같게 만든다.

7 고무줄 위로 나온 보자기 자락을 사진처럼 각각 바깥쪽으로 접는다.

8 접은 보자기 자락을 고무줄로 묶어 고정시킨 후 리본으로 묶어주면 완성!

04 도시락 손잡이 매듭 포장

손잡이가 달려있어서 편하게 들 수 있어요.
손잡이는 꼭 서로 반대 방향으로 꼬아줘야 튼튼하게 서 있어요.

• How to Make •

1 보자기를 마름모꼴로 펴놓은 후 상자를 한가운데 둔다.

2 위쪽에 있는 보자기 자락으로 상자를 덮고 남는 부분은 상자 밑으로 넣는다.

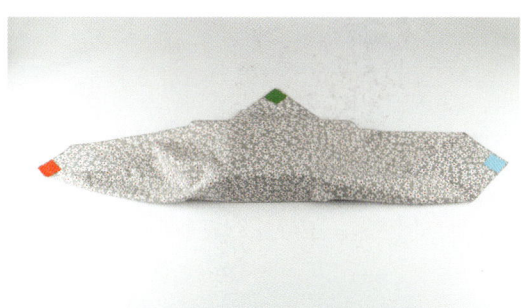

3 아래쪽에 있는 보자기 자락으로 상자 위를 덮는다.

4 상자의 모서리에서 보자기를 가운데로 모아 잡고 보자기 귀 끝을 당긴다.

5 당긴 보자기 귀를 상자 가운데로 모은 후 손으로 보자기 위를 지그시 눌러 고정시킨다.

6 반대쪽 보자기 귀 끝도 **4**를 반복한다.

7 6의 보자기 귀도 정리해서 상자 가운데로 모은다.

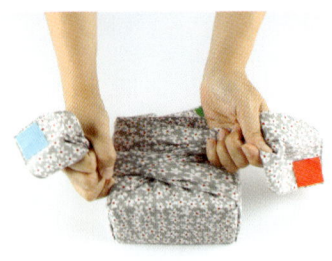

8 빨간색 귀를 뒤로, 파란색 귀를 앞으로 해서 사진처럼 당긴다.

9 빨간색 보자기 귀로 파란색 보자기 귀를 감싸서 묶은 후 당긴다.

10 빨간색 보자기 귀의 끝이 왼쪽으로 가도록 잡아준다.

11 아래에 있는 파란색 보자기 귀로 빨간색 보자기 귀를 감싸듯 돌려 묶는다.

12 양쪽 보자기 귀를 같은 힘으로 지그시 당긴다.

*반대편에서 보면 이런 모양이에요.

13 앞으로 나온 보자기 자락(■)의 좌우를 조금씩 잡아당겨 가운데로 모은다.

14 보자기 자락을 사진처럼 폭이 좁게 접는다.

15 14의 보자기 자락을 사진처럼 12에서 만든 리본 위를 덮은 후 리본 밑으로 넣는다.

16 파란색 보자기 귀를 촘촘하게 꼬아준다.

17 빨간색 보자기 귀는 파란색 보자기 귀와 반대 방향으로 꼬아준다.

*같은 방향으로 꼬면 꼬임이 풀리므로 꼭 반대 방향으로 꼬아주세요!

18 빨간색 보자기 귀를 파란색 보자기 귀 뒤로 한 후 빨간색 보자기 귀로 파란색 보자기 귀를 감싸서 묶는다. (15쪽 두 가닥 매듭 참고)

19 양쪽 보자기 귀를 같은 힘으로 지그시 당긴다.

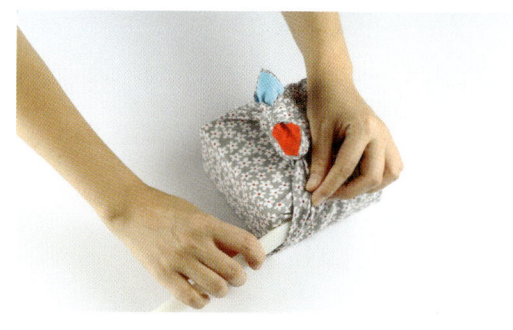 

20 상자의 옆면을 깔끔하게 정리하면 완성!

05

나비 매듭 포장

수많은 매듭 중 가장 기본적인 매듭이 나비 매듭일 거예요.
무난한 매듭이지만 원단에 따라 다양한 느낌을 낼 수 있어요.

• How to Make •

1 보자기를 마름모꼴로 펴놓은 후 상자를 한가운데 둔다.

2 아래쪽에 있는 보자기 자락으로 상자 위를 덮고 남는 부분은 상자 밑으로 넣는다.

3 위쪽에 있는 보자기 자락으로 상자 위를 덮는다.

4 상자의 모서리에서 보자기를 가운데로 모아 잡고 보자기 귀 끝을 당긴다.

5 당긴 보자기 귀를 상자 가운데로 모은 후 손으로 지그시 눌러 고정시킨다.

6 반대쪽 보자기도 상자의 모서리에서 보자기를 가운데로 모아 잡고 보자기 귀 끝을 당긴다.

7 당긴 보자기 귀를 정리해서 상자 가운데로 모은다.

8 빨간색 귀를 뒤로, 파란색 귀를 앞으로 해서 사진처럼 당긴다.

9 빨간색 보자기 귀로 파란색 보자기 귀를 감싸서 묶은 후 당긴다.

10 빨간색 보자기 귀의 끝이 왼쪽으로 가도록 잡아준다.

11 아래에 있는 파란색 보자기 귀로 빨간색 보자기 귀를 감싸듯 돌려 묶는다.

12 양쪽 보자기 귀를 같은 힘으로 지그시 당긴다.

13 보자기의 주름을 펴서 보자기 귀를 예쁘게
    정리한다.

14 상자의 옆면을 깔끔하게 정리하면 완성!

06 역교차 리본 매듭 포장

리본이 교차되어 묶여서 폭이 좁은 상자를 포장할 때 유용해요.
넥타이나 양말 같은 제품을 포장하기에 적합한 매듭이에요.

• How to Make •

1 보자기를 마름모꼴로 펴놓은 후 상자를 한가운데 둔다.

2 위쪽에 있는 보자기 자락으로 상자를 덮고 남는 부분은 상자 밑으로 넣는다.

3 사진처럼 보자기 끝을 접어 상자 크기와 맞춰 준다.

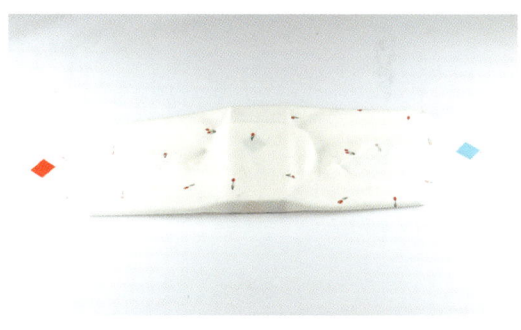

4 아래쪽에 있는 보자기 자락으로 상자 위를 덮는다.

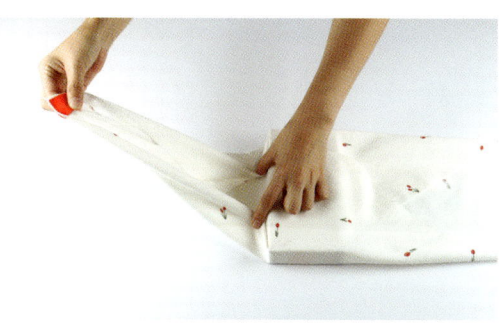

5 상자의 모서리에서 보자기를 가운데로 모아 잡고 보자기 귀 끝을 당긴다.

6 보자기 귀를 상자 가운데로 모은 후 손으로 지그시 눌러 고정시킨다.

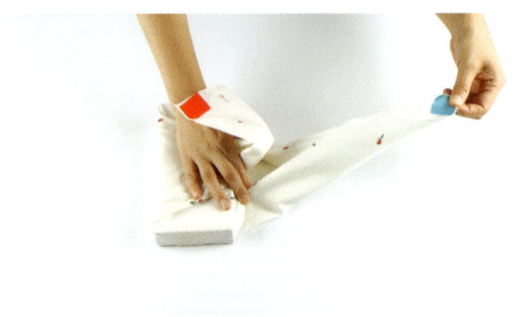

7 반대쪽 보자기도 상자의 모서리에서 보자기를 가운데로 모아 잡고 보자기 귀 끝을 당긴다.

8 보자기 귀를 당겨 양쪽 귀가 서로 엇갈리게 잡고 뒤집는다.

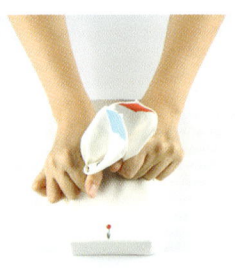

9 뒤집힌 면 위에서 보자기 귀를 정리한 후 상자 가운데로 모은다.

10 빨간색 귀를 뒤로, 파란색 귀를 앞으로 해서 사진처럼 당긴다.

11 빨간색 보자기 귀로 파란색 보자기 귀를 감싸서 묶은 후 당긴다.

12 빨간색 보자기 귀의 끝이 왼쪽으로 가도록 잡아준다.

13 아래에 있는 파란색 보자기 귀로 빨간색 보자기 귀를 감싸듯 돌려 묶는다.

14 양쪽 보자기 귀를 같은 힘으로 지그시 당긴다.

15 보자기 귀를 펴서 리본을 예쁘게 정리하면 완성!

07 쪽 매듭 포장

여자들의 쪽머리와 비슷한 모양이어서 쪽 매듭이라고 불러요.
깔끔하고 단아한 모습이 매력적이에요.

• How to Make •

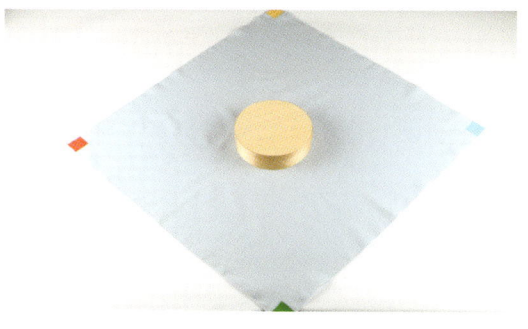

1 보자기를 마름모꼴로 펴놓은 후 상자를 한가운데 둔다.

2 상자 윗면 가운데에서 보자기 위아래 귀(■, ■)를 잡는다.

3 보자기의 오른쪽 귀(■)를 올려 가운데에서 잡는다.

4 반대쪽 귀(■)도 똑같이 끌어올려 가운데에서 모아 잡는다.

5 가운데에서 모아 잡은 부분을 고무줄로 묶는다.

6 마주보고 있는 보자기 귀를 쫙 당긴다.

7   보자기 시접이 안쪽으로 들어가도록 정리한다.

8   보자기 자락 하나를 촘촘하게 꼬아준다.

9   끝까지 꼬아놓은 보자기 가닥을 시계 반대 방향으로 동그랗게 돌린다.

10 돌린 보자기 끝을 고무줄 안쪽으로 넣는다.

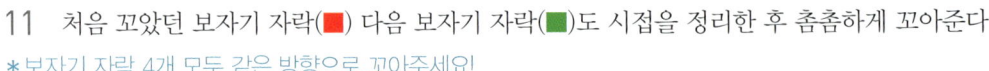

11 처음 꼬았던 보자기 자락(■) 다음 보자기 자락(■)도 시접을 정리한 후 촘촘하게 꼬아준다.
  *보자기 자락 4개 모두 같은 방향으로 꼬아주세요!

12 끝까지 꼬아놓은 보자기 가닥을 시계 반대 방향으로 동그랗게 돌린 후 보자기 끝을 고무줄 안쪽으로 넣는다.

13 앞에서 꼬았던 보자기 자락(■) 다음 보자기 자락(■)도 **7~10**의 과정을 반복한다.

14 마지막 보자기 자락(■)도 **7~10**의 과정을 반복하면 완성!

사선 나비 매듭 포장

사선으로 위치한 리본이 꼭 머리에 나비 핀을 꽂은 모습 같은 매듭이에요.
포장하는 과정 중에 뒤집는 과정이 있어서 책처럼 뒤집어도 괜찮은 제품을 포장할 때 적합해요.

• How to Make •

1 보자기를 마름모꼴로 펴놓은 후 상자를 사진처럼 왼쪽으로 둔다.

2 왼쪽에 있는 보자기 자락으로 상자를 덮고 남는 부분은 상자 밑으로 넣는다.

3 상자의 왼쪽 모서리 부분의 보자기를 사진처럼 손가락을 이용해 안쪽으로 밀어넣고 모서리와 맞춰서 정리한다.

4 아래쪽에 있는 보자기 자락으로 상자를 덮고 남는 부분은 상자 밑으로 넣는다.

5 상자의 오른쪽 모서리 부분의 보자기를 사진처럼 정리한다.

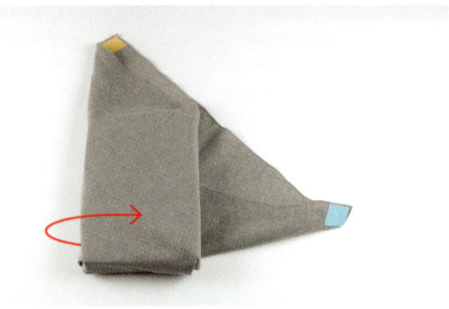

6 상자를 사진처럼 오른쪽으로 뒤집어엎는다.

7 상자의 오른쪽 상단 모서리 부분의 보자기를 사진처럼 상자 위로 덮는다.

8 위쪽에 있는 보자기 귀(■)를 모아 잡는다.

9 오른쪽에 있는 보자기 귀(■) 역시 모아 잡는다.

10 노란색 보자기 귀로 파란색 보자기 귀를 감싸서 묶은 후 당긴다.

11 노란색 보자기 귀의 끝이 왼쪽으로 가도록 잡아준다.

12 아래에 있는 파란색 보자기 귀로 노란색 보자기 귀를 감싸듯 돌려 묶는다.

13 양쪽 보자기 귀를 같은 힘으로 지그시 당긴다.

⟨앞⟩ ⟨뒤⟩

14 보자기 귀를 쫙 펴서 리본을 예쁘게 만들면 완성!

09 이중 리본 매듭 포장

포장한 윗면에 여백이 많은 것보다는 채우고 싶을 때 리본을 두 개로 하면 어떨까요?
리본에 꽃 한 송이를 꽂아 함께 선물할 수도 있어요.

• How to Make •

1 보자기를 마름모꼴로 펴놓은 후 상자를 한가운데 둔다.

2 상자 위에서 보자기의 위아래 귀(■, ■)를 잡아 사진처럼 엇갈리게 놓는다.

3 한쪽 손으로 노란색 귀는 눌러 고정시키면서 초록색 보자기 귀를 잡고, 다른 손으로 파란색 귀를 사진처럼 당긴다.

4 초록색 보자기 귀와 파란색 보자기 귀를 잡는다.

5 초록색 귀를 뒤로, 파란색 귀를 앞으로 해서 사진처럼 당긴다.

6 초록색 보자기 귀로 파란색 보자기 귀를 감싸서 묶은 후 당긴다.

*이때 너무 힘을 줘서 당기면 나머지 보자기(■, ■)가 짧아질 수 있으니 살짝 고정시킬 정도로만 당겨주세요!

7 노란색 보자기 귀를 잡고 빨간색 귀를 사진처럼 당긴다.

8 빨간색 보자기 귀와 노란색 보자기 귀를 사진처럼 잡는다.

9 빨간색 귀를 뒤로, 노란색 귀를 앞으로 한 후 빨간색 귀로 노란색 귀를 감싸 묶어서 당긴다.

10 빨간색 보자기 귀의 끝이 왼쪽으로 가도록 잡는다.

11 아래에 있는 노란색 보자기 귀로 빨간색 보자기 귀를 감싸듯 돌려 묶는다.

12 양쪽 보자기 귀를 같은 힘으로 지그시 당긴다.

13 6에서 묶어두었던 초록색 보자기 귀의 끝이 왼쪽으로 가도록 잡는다.

14 아래에 있는 파란색 보자기 귀로 초록색 보자기 귀를 감싸듯 돌려 묶는다.

15 양쪽 보자기 귀를 같은 힘으로 지그시 당긴다.

16 보자기의 주름을 펴서 보자기 귀를 예쁘게 정리한다.

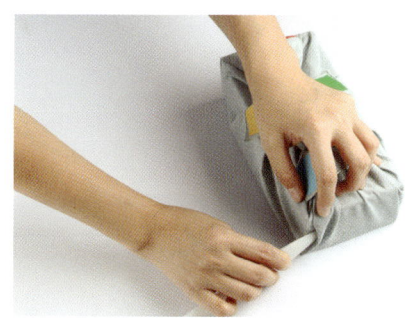

17 상자의 옆면을 깔끔하게 정리하면 완성!

부채 매듭 포장

은은한 주름과 귀여운 리본이 함께해 우아하면서도 귀여운 느낌의 매듭이에요.
높이가 있는 상자에 더 잘 어울려요.

• How to Make •

1 보자기를 마름모꼴로 펴놓은 후 상자를 한가운데 둔다.

2 보자기가 상자의 높이보다 약간 위로 올라올 수 있게 위아래 자락을 사진처럼 접는다.

3 사진처럼 보자기의 윗자락을 잡는다.

4 상자 위에서 아랫자락을 당겨 윗자락과 함께 잡는다.

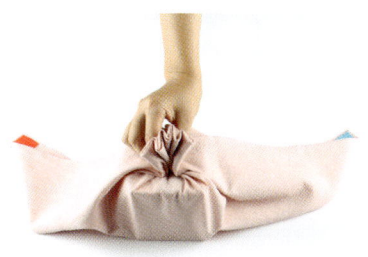

5 한쪽 끝부터 차례로 접어 주름을 만든다.

6 주름 잡은 부분 아래쪽을 고무줄로 묶어 고정시킨다.

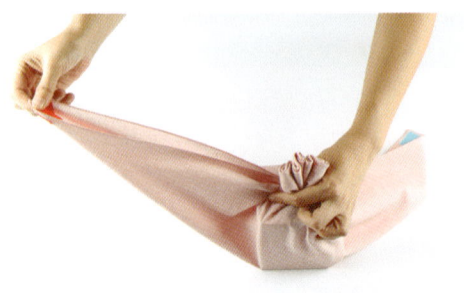

7 보자기의 빨간색 귀를 잡고 사진처럼 당긴다.

8 보자기 귀를 상자 가운데로 모은 후 손으로 지그시 눌러 고정시킨다.

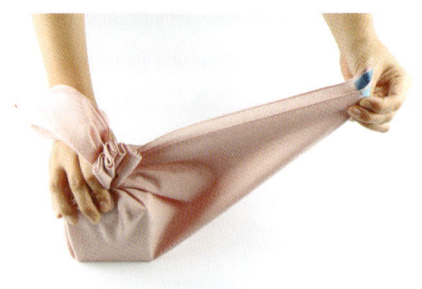

9 보자기의 파란색 귀를 잡고 사진처럼 당긴다.

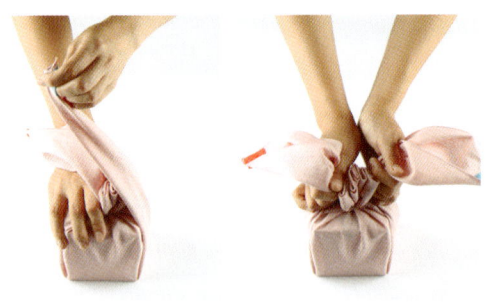

10 당긴 보자기 귀를 상자 가운데로 모은다.

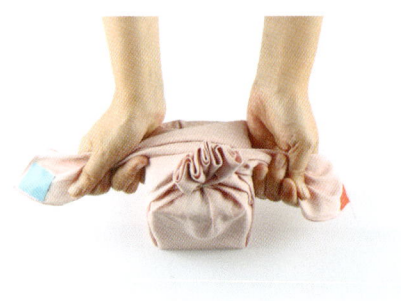

11 빨간색 귀를 앞으로, 파란색 귀를 뒤로 해서 사진처럼 당긴다.

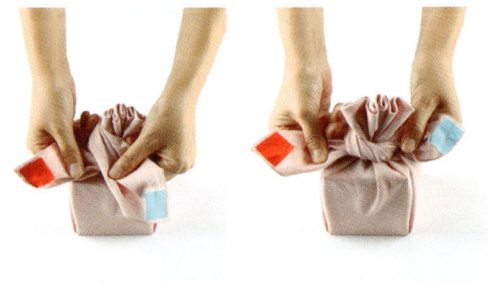

12 파란색 보자기 귀로 빨간색 보자기 귀를 감싸서 묶은 후 당긴다.

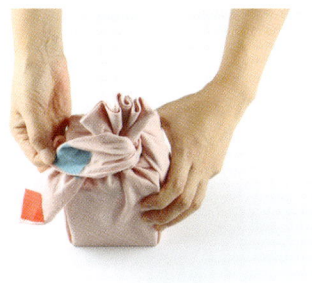

13 파란색 보자기 귀의 끝이 왼쪽으로 가도록 잡아준다.

14 아래에 있는 빨간색 보자기 귀로 파란색 보자기 귀를 감싸듯 돌려 묶는다.

15 양쪽 보자기 귀를 같은 힘으로 지그시 당긴다.

16 보자기의 주름을 펴서 보자기 귀를 예쁘게 정리한다.

17 처음에 잡아두었던 보자기 주름도 정리한다.

18 상자 옆면을 깔끔하게 정리하면 완성!

11 동심결 매듭 포장

추억의 스쿠비두(scoubidou) 매듭이랑 시작하는 방법이 비슷해요.
한쪽 귀가 잎사귀처럼 나와 있는 모습이 한 송이 꽃을 위한 마지막 이파리 같아요.

• How to Make •

1 보자기를 마름모꼴로 펴놓은 후 상자를 한가운데 둔다.

2 상자 윗면 가운데서 보자기 위아래 귀(■, ■)를 잡는다.

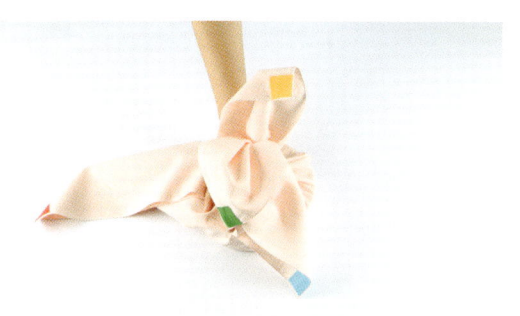

3 보자기의 오른쪽 귀(■)를 올려 가운데서 잡는다.

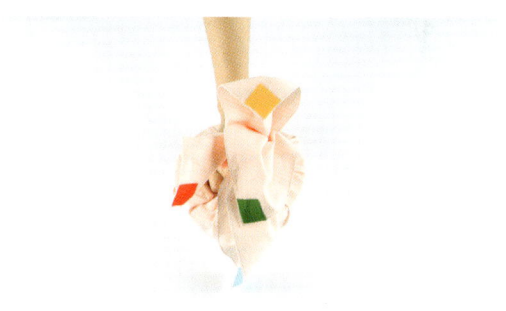

4 반대쪽 귀(■)도 똑같이 끌어올려 가운데서 모아 잡는다.

5 고무줄로 묶은 후 마주보고 있는 보자기 귀를 쫙 펴준다.

6 빨간색 보자기 귀를 당겨 보자기 자락 가장자리가 안쪽으로 들어가게 정리한다.

7 정리한 보자기 귀(■)를 사진처럼 놓는다.

8 그 위로 옆에 있는 보자기 귀(■)를 포개어 얹는다.

9 그 위로 옆에 있는 보자기 귀(■)를 다시 한 번 포개어 얹는다.

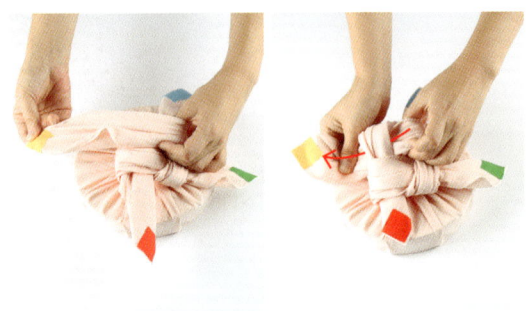

10 마지막 귀(■)를 포개어 얹은 후 제일 처음에 만들었던 보자기 귀 밑으로 넣는다.

11 보자기 네 귀를 간격을 맞춰 당겨서 정리한다.

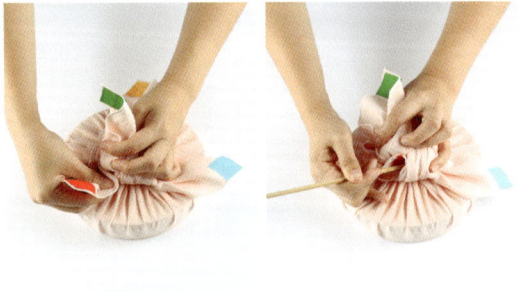

12 초록색 보자기 귀를 사진처럼 들고 옆에 있는 빨간색 보자기 귀를 당겨 그 아래로 넣는다.

 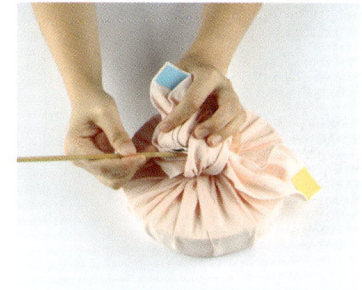 

13 나머지 보자기 귀 3개도 **12**를 반복한다.

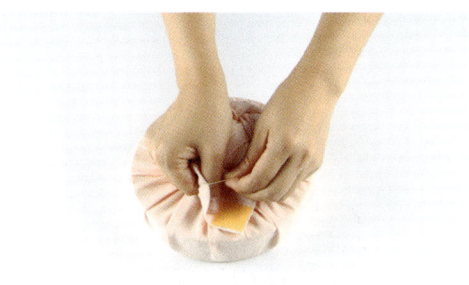 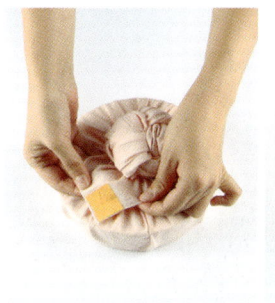 

14 마지막으로 남은 노란색 보자기 귀는 고무줄 아래로 넣어 잎사귀를 만든다.

15 고무줄 밑으로 나온 보자기 귀가 접히지 않도록 예쁘게 펴주면 완성!

따개 매듭 포장

머리 땋는 방법을 응용한 방법인데 조금 더 쉽게 만들 수 있어요.
차곡차곡 땋다보면 어느새 댕기가 만들어져요.

• How to Make •

1 보자기를 마름모꼴로 펴놓은 후 상자를 한가운데 둔다.

2 상자 윗면 가운데서 보자기 좌우 귀(■, ■)를 당겨 잡는다.

3 빨간색 귀를 뒤로, 파란색 귀를 앞으로 한 후 빨간색 귀로 파란색 귀를 감싸 묶어서 당긴다.

4 남은 쪽의 보자기 귀도 상자 윗면 가운데로 모은다.

5 노란색 귀를 뒤로, 초록색 귀를 앞으로 한 후 노란색 귀로 초록색 귀를 감싸 묶어서 당긴다.

6 노란색 귀는 앞으로, 빨간색 귀는 뒤로 해서 엇갈리게 잡는다.

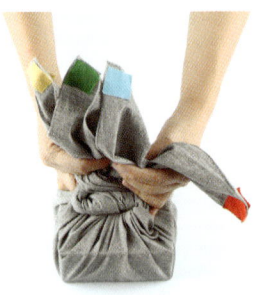

7 초록색 귀는 노란색 귀와 빨간색 귀 사이 뒤쪽에 오게 한다.

8 파란색 귀도 초록색 귀와 빨간색 귀 사이 뒤쪽에 오게 한다.

9 파란색 귀는 앞으로, 초록색 귀는 뒤로 해서 엇갈리게 잡는다.

10 노란색 귀가 파란색 귀와 초록색 귀 사이 뒤쪽에 오게 한다.

11 빨간색 귀가 노란색 귀와 초록색 귀 사이 뒤쪽에 오게 한다.

12 빨간색 귀는 앞으로, 노란색 귀는 뒤로 해서 엇갈리게 잡는다.

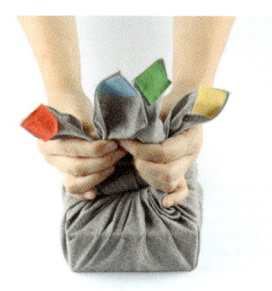

13 파란색 귀가 빨간색 귀와 노란색 귀 사이 뒤쪽에 오게 한다.

14 초록색 귀가 파란색 귀와 노란색 귀 사이 뒤쪽에 오게 한다.

15 초록색 귀는 앞으로, 파란색 귀는 뒤로 해서 엇갈리게 잡는다.

16 빨간색 귀가 초록색 귀와 파란색 귀 사이 뒤쪽에 오게 한다.

17 노란색 귀가 빨간색 귀와 파란색 귀 사이 뒤쪽에 오게 한다.

18 노란색 귀는 앞으로, 빨간색 귀는 뒤로 해서 엇갈리게 잡는다.

19 노란색과 초록색 귀를 같이 한 손에 잡고, 빨간색과 파란색 귀는 다른 손으로 함께 잡는다.

20 빨간색과 파란색 귀로 노란색과 초록색 귀를 감싸 묶는다.

21 리본을 당겨 정리하면 완성!

13 입체 땋기 매듭 포장

어느 방향에서 봐도 땋은 모습이 동일한 땋기 방법이에요.
꽉꽉 당겨가며 묶어주면 더욱 예쁜 매듭이 나올 거예요.

• How to Make •

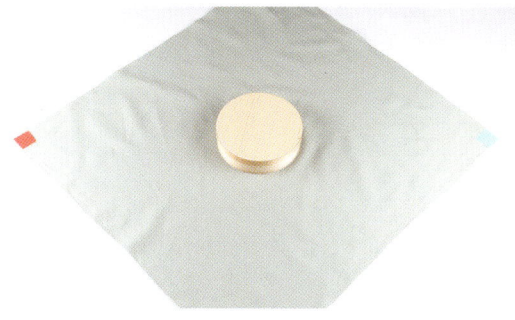

1 보자기를 마름모꼴로 펴놓은 후 상자를 한가운데 둔다.

2 상자 윗면 가운데서 보자기 좌우 귀(■. ■)를 당겨 잡는다.

3 빨간색 귀는 뒤로, 파란색 귀는 앞으로 한 후 빨간색 귀로 파란색 귀를 감싸 묶어서 당긴다.

4 남은 쪽의 보자기 귀도 상자 윗면 가운데서 당겨 잡는다.

5 초록색 귀는 뒤로, 노란색 귀는 앞으로 한 후 초록색 귀로 노란색 귀를 감싸 묶어서 당긴다.

6   귀 네 개를 일렬로 정리한다.

7   초록색 귀가 노란색 귀와 파란색 귀 사이 앞쪽에 오게 한다.

8   노란색 귀는 앞으로, 초록색 귀는 뒤로 해서 엇갈리게 잡는다.

9   파란색 귀가 빨간색 귀와 초록색 귀 사이 앞쪽에 오게 한다.

10   파란색 귀를 초록색 귀 뒤로 돌려준다.

11   빨간색 귀가 파란색 귀와 노란색 귀 사이 앞쪽에 오게 한다.

12 파란색 귀를 빨간색 귀 뒤로 돌려준다.

13 노란색 귀가 초록색 귀와 빨간색 귀 사이 앞쪽에 오게 한다.

14 노란색 귀를 빨간색 귀 뒤로 돌려준다.

15 초록색 귀가 노란색 귀와 파란색 귀 사이 앞쪽에 오게 한다.

16 초록색 귀를 노란색 귀 뒤로 돌려준다.

17 파란색 귀가 빨간색 귀와 초록색 귀 사이 앞쪽에 오게 한다.

18 파란색 귀를 초록색 귀 뒤로 돌려준다.

19 빨간색과 초록색 귀를 같이 한 손에 잡고, 파란색과 노란색 귀 다른 손으로 함께 잡는다.

20 마무리해서 묶어주면 완성!

덮개 매듭 포장

각종 오브제를 이용하여 선물의 의미에 맞게 꾸밀 수 있어서
더 감각적인 선물을 전달할 수 있어요.

• How to Make •

1 보자기를 마름모꼴로 펴놓은 후 상자를 한가운데 둔다.

2 위쪽에 있는 보자기 자락으로 상자를 덮고 남는 부분은 상자 밑으로 넣는다.

3 상자의 모서리 부분 보자기를 살짝 눌러 고정시킨 후 보자기 귀(■) 끝을 사진처럼 당긴다.

4 보자기 귀를 상자 가운데로 모은 후 손으로 지그시 눌러 고정시킨다.

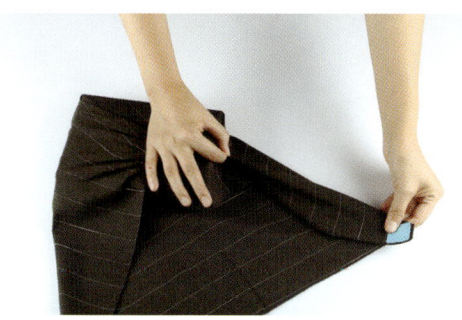

5 상자의 반대쪽 모서리 부분 보자기를 살짝 눌러 고정시킨 후 보자기 귀(■) 끝을 사진처럼 당긴다.

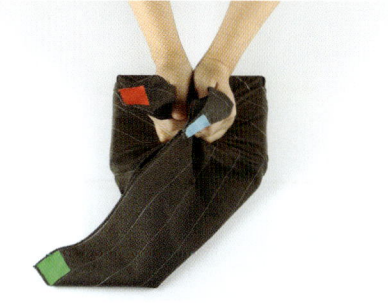

6 당긴 보자기 귀도 상자 가운데로 모은다.

7 빨간색 귀를 뒤로, 파란색 귀를 앞으로 해서 사진처럼 당긴다.

8 빨간색 보자기 귀로 파란색 보자기 귀를 감싸서 묶은 후 당긴다.

9 빨간색 보자기 귀의 끝이 왼쪽으로 가도록 잡아준다.

10 아래에 있는 파란색 보자기 귀로 빨간색 보자기 귀를 감싸듯 돌려 묶는다.

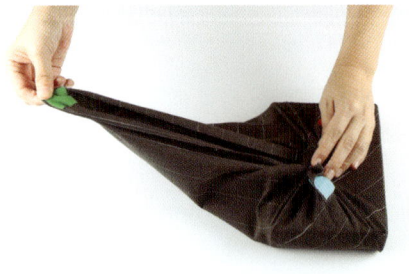

11 양쪽 보자기 귀를 같은 힘으로 지그시 당긴다.

12 남은 보자기 귀(■)를 사진처럼 당긴다.

13 당긴 보자기 자락으로 상자 위를 덮는다.

14 덮은 자락으로 매듭을 감싸서 매듭 밑으로 넣으면 완성!

고리 매듭 포장

손잡이가 있어 무게가 있는 수박도 거뜬하게 들 수 있어요.
간편한 장바구니로도 활용할 수 있는 실용적인 포장 방법이에요.

• How to Make •

1 보자기를 반듯하게 펴놓은 후 시루를 한가운데 둔다.

2 노란색 귀와 파란색 귀를 살포시 쥐어준다.

3 시루 위에서 노란색 귀는 뒤로, 파란색 귀는 앞으로 해서 잡는다.

4 노란색 귀로 파란색 귀를 감싸서 묶은 후 당긴다.
*너무 세게 당기면 남은 보자기가 짧아질 수 있으니 살짝 고정시킬 정도로만 당겨주세요.

5 반대쪽에 있는 빨간 귀와 초록색 귀를 한 손으로 잡는다.

6 5에서 쥐었던 보자기 귀를 4에서 묶어뒀던 보자기 귀 아래로 넣는다.

7 빨간색 귀와 초록색 귀를 빼낸 후 위로 들어 준다.

8 파란색 귀는 뒤로, 노란색 귀는 앞으로 한 후 파란색 귀로 노란색 귀를 감싸 묶어서 당긴다.

9 파란색 보자기 귀의 끝이 왼쪽으로 가도록 잡아준다.

10 아래에 있는 노란색 보자기 귀로 파란색 보자기 귀를 감싸듯 돌려 묶는다.

11 양쪽 보자기 귀를 같은 힘으로 지그시 당긴다.

12 빨간색 보자기 귀와 초록색 보자기 귀를 교차시킨다.

13 초록색 보자기 귀를 꼬아준다.

14 빨간색 보자기 귀는 반대 방향으로 꼬아준다.

*같은 방향으로 꼬면 리본을 묶었을 때 매듭이 풀리므로 서로 반대 방향으로 꼬아주세요!

15 초록색 귀는 뒤로, 빨간색 귀는 앞으로 한다.

16 초록색 보자기 귀로 빨간색 보자기 귀를 감싸서 묶은 후 당긴다.

17 초록색 보자기 귀의 끝이 왼쪽으로 가도록 잡아준다.

18 아래에 있는 빨간색 보자기 귀로 초록색 보자기 귀를 감싸듯 돌려 묶는다.

19 양쪽 보자기 귀를 같은 힘으로 지그시 당긴다.

20 양쪽 리본을 예쁘게 정리하면 완성!

PART 4

다양한 소품 포장

01 병-수국 매듭 포장

병 앞에 풍성한 꽃 한 송이가 특징인 매듭이에요.
길이가 긴 병을 포장할 때 활용하면 더 예쁜 포장이 될 수 있어요.

• How to Make •

1 보자기를 마름모꼴로 펴놓은 후 병을 한가운데 둔다.

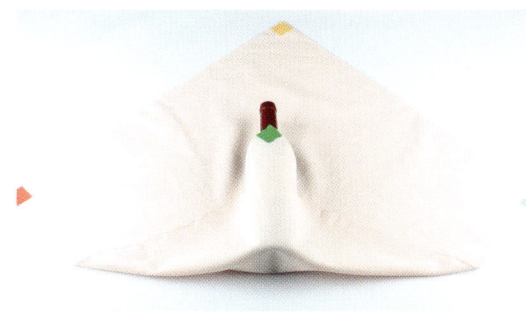

2 아래쪽에 있는 보자기 자락으로 병을 덮는다.

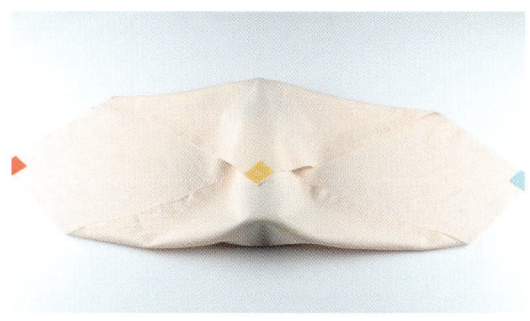

3 위쪽에 있는 보자기 자락으로 병을 덮는다.

4 왼쪽에 있는 보자기 자락을 병 길이의 중간쯤에서 사진처럼 쥐어준다.

5 오른쪽에 있는 보자기 자락도 **4**와 같이 쥐어준다.

6 양쪽의 보자기 자락을 가운데서 모아 잡는다.

7 모아 잡은 부분을 고무줄로 묶는다.

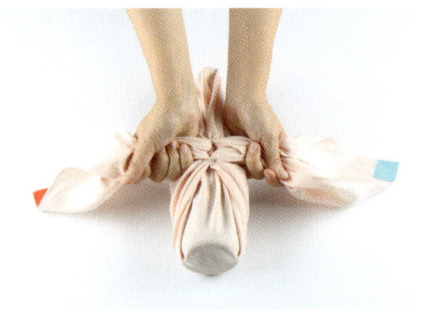

8 보자기 자락을 양쪽으로 팽팽하게 당긴다.

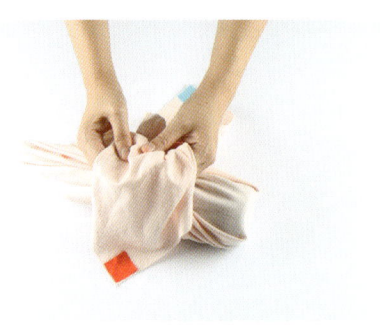

9 보자기 자락 끝의 시접이 안쪽으로 들어가도록 정리한다.

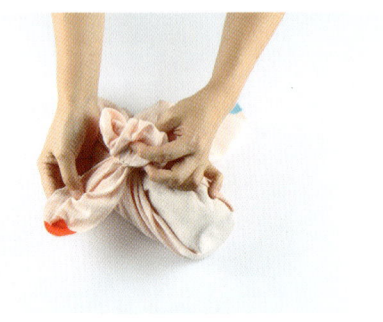

10 빨간색 보자기 귀를 고무줄 밑으로 빼낸다.

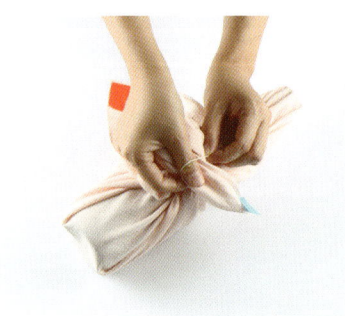

11 파란색 보자기 귀도 고무줄 밑으로 빼낸다.

 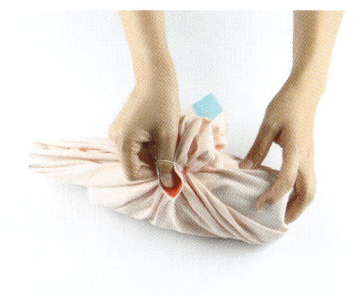

12 빨간색 보자기 귀를 들어 올려 다시 고무줄 밑으로 빼낸다.

 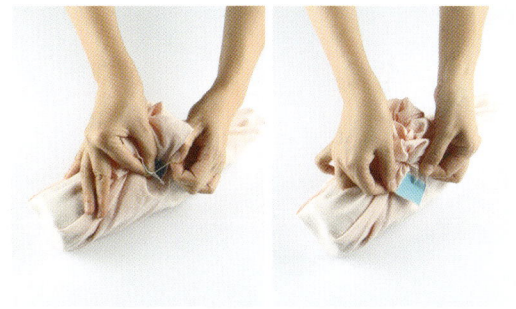

13 빼낸 보자기 귀를 펴서 예쁘게 정리한다.

14 파란색 보자기 귀도 고무줄 밑으로 빼낸 후 귀를 펴서 예쁘게 정리한다.

15 가운데 꽃은 풍성하게, 아래쪽에 있는 보자기 귀의 길이는 같게 정리하면 완성!

02 병-나비 매듭 포장

나비넥타이 같은 앙증맞은 리본이 매력적인 포장 방법이에요.
목이 짧고 통통한 병에 잘 어울려요.

• How to Make •

1 보자기를 마름모꼴로 펴놓은 후 병을 한가운데 둔다.

2 아래쪽에 있는 보자기 자락으로 병을 덮는다.

3 위쪽에 있는 보자기 자락으로 사진처럼 병을 덮는다.

4 왼쪽에 있는 보자기 자락을 병 길이의 위에서 $\frac{1}{3}$지점에서 쥐어준다.

5 오른쪽에 있는 보자기 자락도 **4**와 같이 쥐어준다.

6 빨간색 보자기 귀와 파란색 보자기 귀를 병 뒤로 돌려 교차한 후 앞으로 모은다.

7 파란색 보자기 귀(왼쪽)를 빨간색 보자기 귀(오른쪽) 위에 올린다.

8 파란색 보자기 귀로 빨간색 보자기 귀를 감싸서 묶은 후 당긴다.

9 파란색 보자기 귀의 끝이 왼쪽으로 가도록 잡아준다.

10 아래에 있는 빨간색 보자기 귀로 파란색 보자기 귀를 감싸듯 돌려 묶는다.

11 양쪽 보자기 귀를 같은 힘으로 지그시 당겨주면 완성!

03 병-똬리 매듭 포장

꼬아진 형태가 똬리 같이 투박하지만 깔끔하고 정감 있는 매듭이에요.
전통주나 참기름을 선물할 때 활용하면 선물의 품격이 한층 업그레이드 될 거예요.

• How to Make •

1 보자기를 마름모꼴로 펴놓은 후 병을 한가운데 둔다.

2 아래쪽에 있는 보자기 자락으로 병을 덮은 후 남은 자락은 접어 병 밑으로 넣는다.

3 보자기가 클 경우에는 사진처럼 보자기 자락의 끝을 접어 병 크기와 맞춘다.

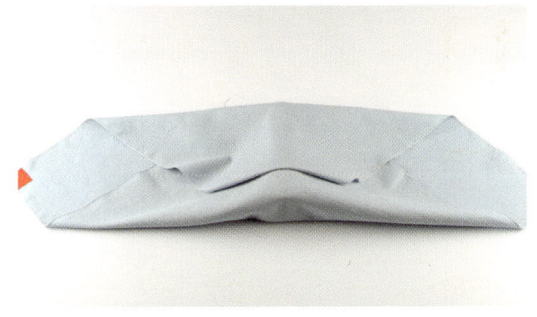

4 위쪽에 있는 보자기 자락으로 병을 덮는다.

5 왼쪽에 있는 보자기 자락을 병 길이의 중간쯤에서 쥐어준다.

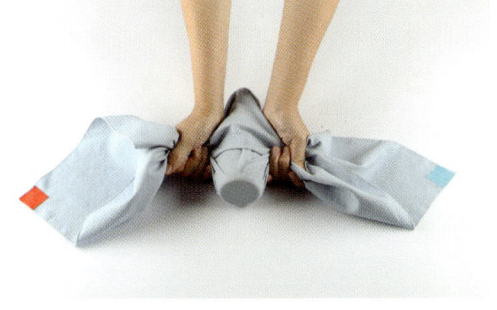

6 오른쪽에 있는 보자기 자락도 병 길이의 중간쯤에서 쥐어준다.

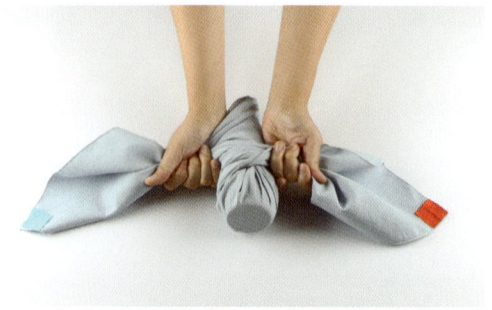

7   양쪽 보자기 귀를 당겨 서로 엇갈리게 한 후 반대로 뒤집는다.

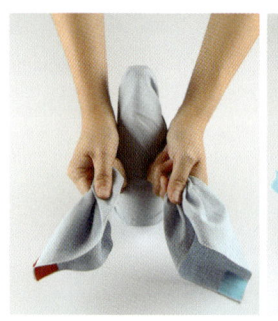

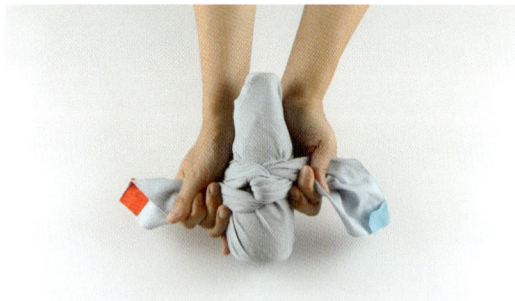

8   뒤집은 보자기 귀를 정리해서 병 가운데로 모은 후 묶는다.

9   묶은 방향과 반대 방향으로 보자기 귀를 당긴다.

*매듭이 풀리지 않게 하기 위해서 묶은 방향과 반대 방향으로 당겨주세요.

10   보자기 귀 하나를 묶어놓은 매듭 밑으로 넣어 사진처럼 감아준다.

11 보자기 귀의 끝을 사진처럼 묶은 부분 끝에
    끼워 넣는다.

12 남은 보자기 귀를 위로 살짝 당겨 묶은 매듭 밑으로 넣어 감아준다.

13 보자기 귀 끝을 사진처럼 묶은 부분 끝에 넣어 정리하면 완성!

04 병-몸통 리본 포장

직접 구운 쿠키나 청을 선물할 때 보자기로 정성을 더해보세요.
받는 사람의 기분도 정성만큼 더 좋아질 거예요.

• How to Make •

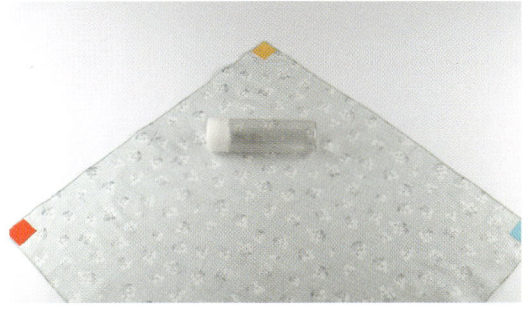

1 보자기 위에 사진처럼 쿠키통을 놓는다.

2 위쪽에 있는 보자기 자락으로 쿠키통을 덮는다.

3 보자기의 아래쪽 방향으로 쿠키통을 돌돌 감는다.

4 보자기 끝은 안쪽으로 접는다.

5 끝까지 돌돌 말아준다.

6 왼쪽에 있는 보자기 자락을 사진처럼 쥐어준다.

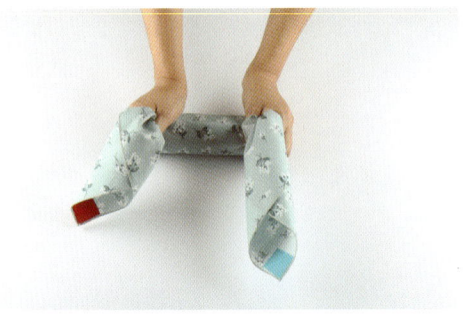

7 오른쪽 보자기 자락도 사진처럼 쥐어준다.

8 양쪽 보자기 귀를 쿠키통 가운데로 당겨 모아 잡는다.

9 양쪽 보자기 귀를 당겨 서로 엇갈리게 한 후 반대로 뒤집는다.

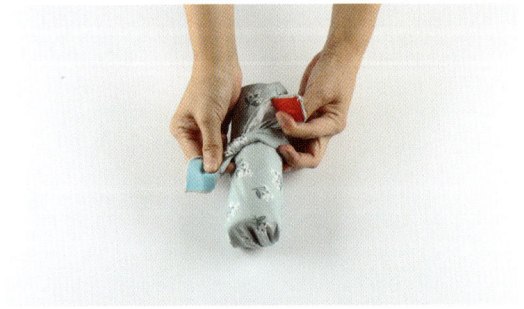

10 빨간색 귀를 위로, 파란색 귀를 아래로 한 후 빨간색 보자기 귀로 파란색 보자기 귀를 감싸 묶어서 당긴다.

11 빨간색 보자기 귀의 끝이 왼쪽으로 가도록 잡아준다.

12 아래에 있는 파란색 보자기 귀로 빨간색 보자기 귀를 감싸듯 돌려 묶는다.

13 양쪽 보자기 귀를 같은 힘으로 지그시 당기면 완성!

05 병-고리 매듭 포장

위쪽에 손잡이가 있어 휴대하기도 편해요.
소소하게 참기름 한 병을 나눠줄 때 보자기 포장 하나로 색다른 분위기를 연출할 수 있어요.

• How to Make •

1 보자기를 마름모꼴로 펴놓은 후 병을 가운데 세워둔다.

2 위아래 보자기 자락(🟨, 🟩)을 병 위에서 잡는다.

3 잡은 보자기 자락을 서로 묶는다.

4 양쪽 보자기 자락(🟥, 🟦)을 사진처럼 쥐어준다.

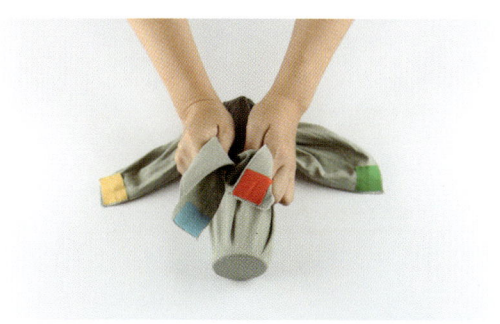

5 병 뒤에서 양쪽 보자기 자락(🟥, 🟦)을 교차한 후 앞으로 돌린다.

6 파란색 귀를 위로, 빨간색 귀를 아래로 해준다.

7 파란색 보자기 자락으로 빨간색 보자기 자락을 감싸서 묶은 후 당긴다.

8 파란색 보자기 자락의 끝이 왼쪽으로 가도록 잡아준다.

9 아래에 있는 빨간색 보자기 자락으로 파란색 보자기 자락을 감싸듯 돌려 묶는다.

10 양쪽 보자기 귀를 같은 힘으로 지그시 당긴다.

11 보자기 자락 하나(🟨)를 촘촘하게 꼬아준다.

12 남은 보자기 자락(🟩)은 먼저 꼬아준 자락과 반대 방향으로 촘촘하게 꼬아준다.

*양쪽을 같은 방향으로 꼬아주면 리본을 묶었을 때 매듭이 풀리므로 서로 반대 방향으로 꼬아주세요!

13 노란색 귀를 뒤로, 초록색 귀를 앞으로 해준다.

14 노란색 보자기 귀로 초록색 보자기 귀를 감싸서 묶는다.

15 노란색 보자기 귀의 끝이 왼쪽으로 가도록 잡아준다.

16 아래에 있는 초록색 보자기 귀로 노란색 보자기 귀를 감싸듯 돌려 묶는다.

17 양쪽 보자기 귀를 같은 힘으로 지그시 당겨주면 완성!

06 병-촛불 매듭 포장

보자기의 한 쪽 귀가 솟은 매듭 모양이 촛불과 비슷하여 붙여진 이름이에요.
보자기 귀가 수직으로 꼿꼿하게 서 있어야 예뻐요.

• How to Make •

1 보자기를 마름모꼴로 펴놓은 후 사진처럼 병을 보자기 위쪽에 둔다.

2 위쪽에 있는 보자기 자락으로 병을 덮은 후 보자기 아래쪽 방향으로 사진처럼 감는다.

3 병 아랫부분에 있는 보자기 자락을 사진처럼 팽팽하게 당겨 병 바닥에 밀착되게 한다.

4 보자기 귀(■)를 당겨 병 위에 올린다.

5 보자기 모서리가 병 아랫부분과 일직선이 되도록 정리한다.

6 보자기와 병 아랫부분이 일직선이 되도록 병을 감싸며 말아준다.

7 말고 난 끝 부분은 양면테이프 등으로 고정시킨다.

8 병목의 윗부분에서 보자기 귀를 모아 정리한다.

9 병 윗부분의 보자기 귀를 시계 방향으로 한 바퀴 돌려 매듭을 만들면 완성! (14쪽 한 가닥 매듭 참고)

07 병-손잡이 매듭 포장

파티에 초대 받았을 때 보자기로 포장한 와인을 가지고 가면 어떨까요?
손잡이가 있는 포장이어서 들기 쉬울 뿐만 아니라
포장을 풀지 않고 병을 오픈할 수 있어서 센스 있는 선물이 될 거예요.

• How to Make •

1 보자기 위에 와인병을 사진처럼 놓는다.

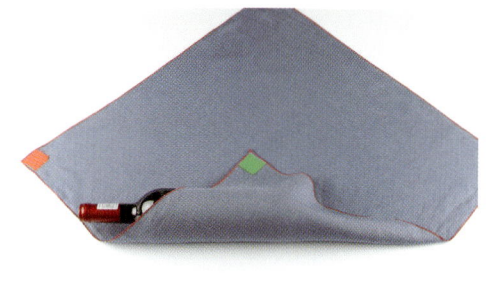

2 아래쪽에 있는 보자기 자락으로 와인병을 덮는다.

3 보자기 위쪽 방향으로 와인병을 돌돌 말아준다.

4 말고 난 끝 부분은 양면테이프 등으로 고정시킨다.

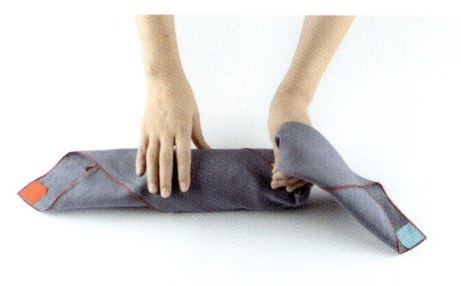

5 병 아랫부분에 있는 보자기 자락을 와인병 끝에 맞춰 쥐어준다.

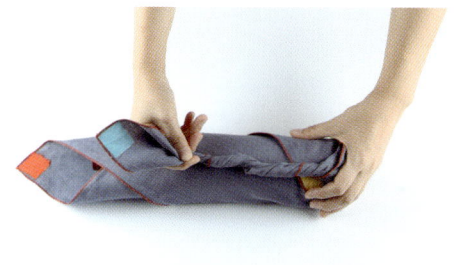

6 쥐고 있는 보자기 자락을 꼬아준다.

7 와인병의 병목 근처에서 양쪽 보자기 귀를 모은다.

8 빨간색 귀를 뒤로, 파란색 귀를 앞으로 해서 사진처럼 당긴다.

9 빨간색 보자기 귀로 파란색 보자기 귀를 감싸서 묶은 후 당긴다.

10 빨간색 보자기 귀의 끝이 왼쪽으로 가도록 잡아준다.

11 아래에 있는 파란색 보자기 귀로 빨간색 보자기 귀를 감싸듯 돌려 묶는다.

12 양쪽 보자기 귀를 같은 힘으로 지그시 당긴다.

 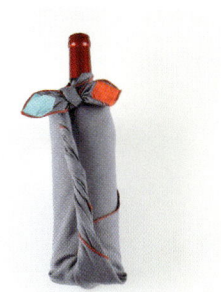

13 매듭을 예쁘게 묶어 정리하면 완성!

08 병-커프스 매듭 포장

와인처럼 목이 긴 병에 잘 어울리는 포장이에요. 집들이 선물로 준비하면 좋은 선물이 될 거예요.

• How to Make •

1 보자기를 똑바로 펴고 와인병을 사진처럼 놓는다.

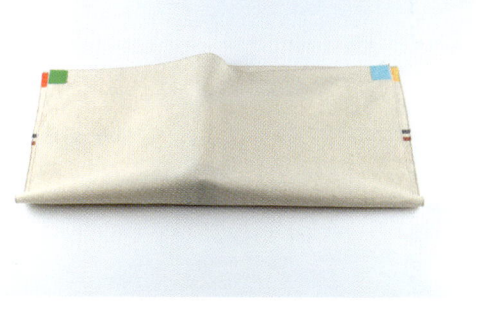

2 아래쪽에 있는 보자기 자락으로 와인병을 완전히 덮는다.

3 왼쪽에 있는 보자기 자락을 사진처럼 대각선으로 접는다.

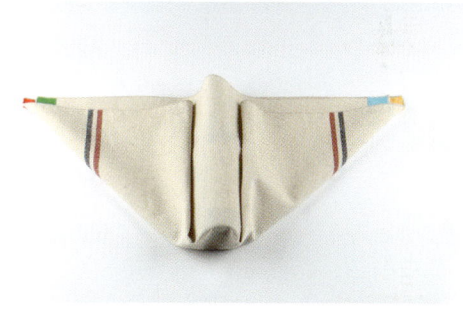

4 남은 보자기 자락도 사진처럼 대각선으로 접는다.

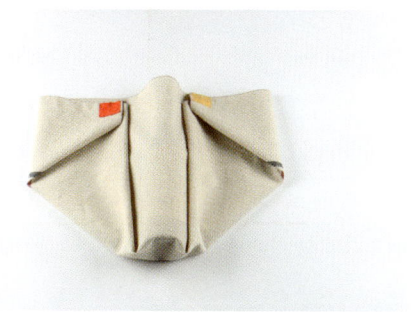

5 보자기가 클 경우에는 사진처럼 양 날개를 병 쪽으로 한 번 더 접는다.

6   접은 보자기로 병 위를 차곡차곡 덮는다.

7   병을 뒤집은 후 병목에 면 끈이나 리본 등을
     묶는다.

8   보자기 자락을 뒤집어 와인 목이 나오도록 정리하면 완성!

09 두 병 포장

명절에 참기름, 들기름 같은 병 제품을 선물하려고 하는데 마땅한 상자가 없을 때 보자기로 포장해보세요.
선물의 품격이 달라질 거예요.

• How to Make •

1 보자기를 마름모꼴로 펴놓은 후 병 두 개를 보자기 가운데에 둔다.

2 병을 사진처럼 양옆으로 눕힌다.

3 위쪽에 있는 보자기 자락으로 병을 사진처럼 덮는다.

4 보자기의 아래쪽 방향으로 병을 굴려 보자기를 말아준다.

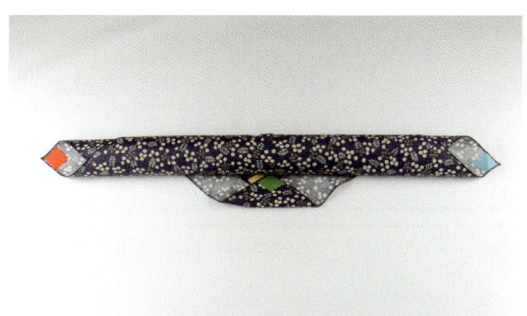

5 말고 난 끝 부분은 안쪽으로 접는다.

6 다시 끝까지 돌돌 말아준다.

7   보자기의 양쪽 귀를 잡고 병을 세워준다.

8   병을 세우고 보자기의 양쪽 귀는 가운데로 모은다.

9   빨간색 귀를 뒤로, 파란색 귀를 앞으로 해준다.

10   빨간색 보자기 귀로 파란색 보자기 귀를 감싸서 묶은 후 당긴다.

11   빨간색 보자기 귀의 끝이 왼쪽으로 가도록 잡아준다.

12   아래에 있는 파란색 보자기 귀로 빨간색 보자기 귀를 감싸듯 돌려 묶는다.

13 양쪽 보자기 귀를 같은 힘으로 지그시 당겨주면 완성!

네 병 포장

야외로 피크닉을 갈 때 물과 음료수 등을 한 번에 챙길 수 있는 포장이에요.
포장에 사용한 보자기는 경우에 따라선 무릎담요로도 활용할 수 있어요.

• How to Make •

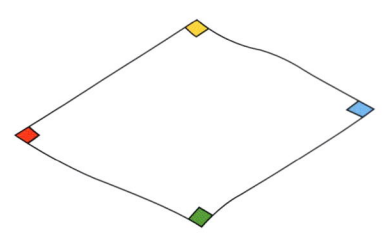

1   보자기를 마름모꼴로 펴놓은 후 병 4개를 보자기 한가운데 둔다.

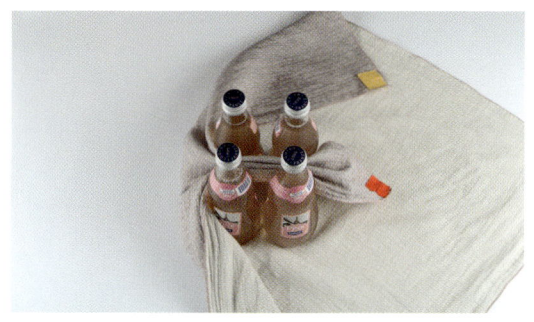
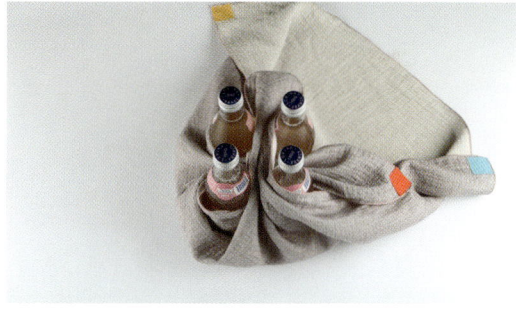

2   빨간색 보자기 귀를 사진처럼 병 사이에 넣는다.

3   빨간색 보자기 귀 위로 아래에 있던 초록색 보자기 귀를 포개 올린다.

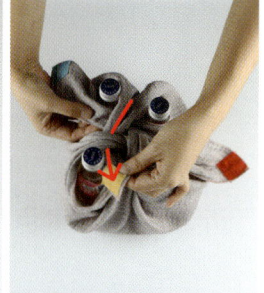

4   그 위로 옆에 있는 파란색 보자기 귀를 다시 한 번 포개 올린다.

5   마지막으로 노란색 보자기 귀를 포개 얹은 후 제일 처음에 병 사이에 넣었던 보자기 귀(■) 밑으로 넣는다.

6 한 손에는 파란색과 노란색 귀, 다른 손에는 초록색과 빨간색 귀를 잡은 후 양쪽으로 당겨 보자기 자락의 길이가 똑같게 맞춘다.

7 대각선으로 마주보고 있는 보자기 귀를 팽팽하게 당겨 매듭을 단단하게 만든다.

8 노란색과 파란색 보자기 귀, 빨간색과 초록색 보자기 귀를 모은다.

9 초록색 보자기 자락을 촘촘하게 꼬아준다.

10 빨간색 보자기 자락은 초록색 보자기 자락과 반대 방향으로 촘촘하게 꼬아준다.

11 꼬아준 초록색 자락과 빨간색 자락으로 매듭을 묶는다.

*15쪽 참고. 그냥 매듭을 묶으면 병들이 무거워서 매듭이 풀릴 수 있어요. 꼭 15쪽처럼 꺾어 묶어야 튼튼하게 지탱할 수 있어요.

12 노란색 보자기 자락을 촘촘하게 꼬아준다.

13 파란색 보자기 자락은 노란색 보자기 자락과 반대 방향으로 촘촘하게 꼬아준다.

14 꼬아준 노란색 자락과 파란색 자락으로 매듭을 묶어주면 완성!

화병 1

오랫동안 안 쓰는 화병이 있다면 보자기로 포장해보세요.
계절에 따라 원단을 바꿔주면 색다른 분위기를 만들어줄 거예요.

• How to Make •

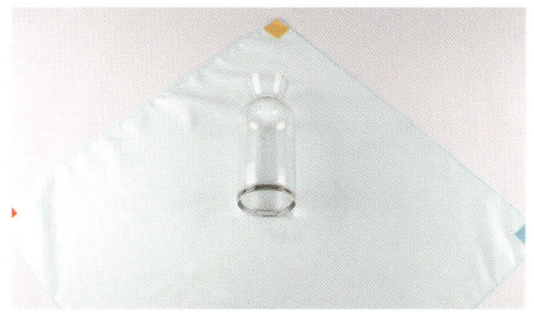

1 보자기를 마름모꼴로 펴놓은 후 화병을 가운데 둔다.

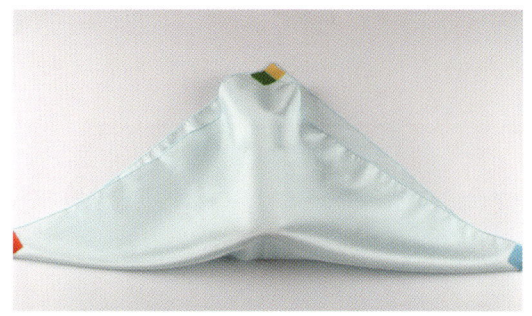

2 위아래 보자기 귀가 서로 맞닿게 보자기의 아래쪽 자락으로 병을 덮는다.

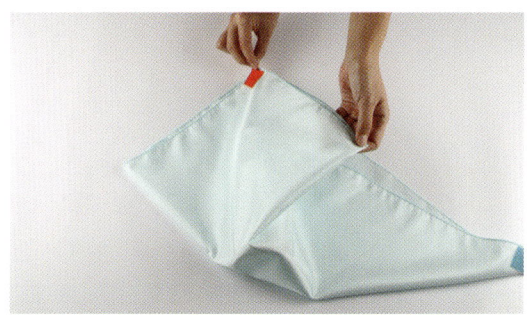

3 빨간색 보자기 귀가 노란색과 초록색 보자기 귀의 끝과 만나게 사진처럼 접는다.

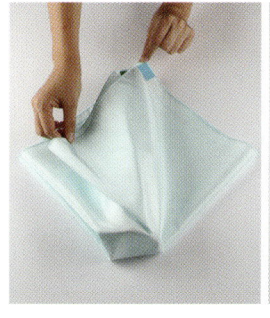

4 파란색 보자기 귀도 노란색과 초록색 보자기 귀의 끝과 만나게 사진처럼 접는다.

5 왼쪽에 있는 보자기 자락 중 위에 있는 자락으로 사진처럼 병 위를 덮는다.

6 오른쪽에 있는 보자기 자락 중 위에 있는 자락으로 사진처럼 병 위를 덮는다.

7 왼쪽에 남아 있는 보자기 자락으로 사진처럼 병 위를 덮는다.

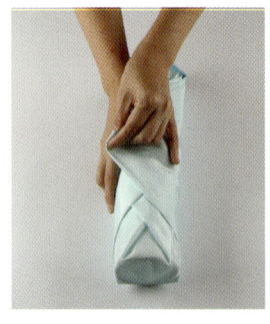

8 오른쪽에 남아 있는 보자기 자락으로 사진처럼 병 위를 덮는다.

9 화병의 병목 부분을 고무줄로 묶는다.

10 병목 부분의 보자기 귀를 모두 밖으로 젖힌다.

11 보자기 귀를 들어 고무줄 밑으로 빼낸다. (24쪽 수국 매듭 참고)

12 나머지 귀 3개도 같은 방법으로 고무줄 밑으로 빼낸다.

13 아래쪽으로 나온 보자기 귀의 길이가 똑같도록 정리하면 완성!

화병2

음료수를 먹고 남은 빈 병을 화병으로 재활용해볼 수 있는 방법이에요.
쓸모가 없는 병인 줄 알았는데 아름다움을 품고 있는 화병으로 바뀔 거예요.

• How to Make •

1 보자기를 마름모꼴로 펴놓은 후 병을 한가운데 둔다.

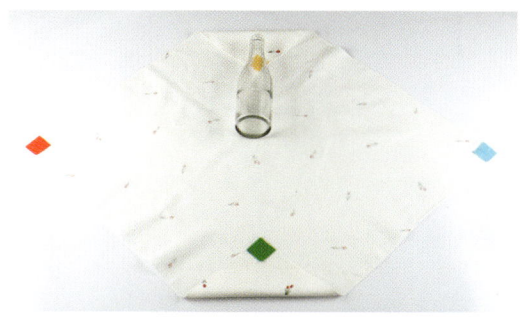

2 병 위로 보자기가 약간 올라올 수 있게 사진처럼 보자기의 위아래 자락을 접는다.

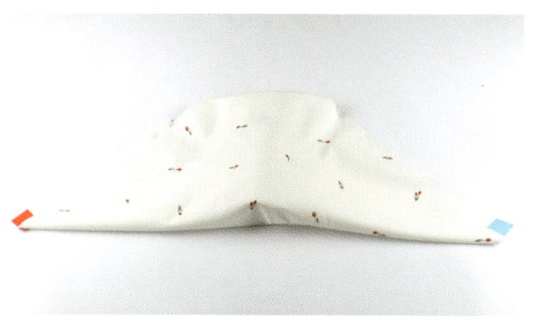

3 아래쪽에 있는 보자기 자락을 위로 올려 병을 덮는다.

4 병목 부분에서 한쪽 끝부터 차례로 아코디언처럼 접어 주름을 만든다.

5 병목 부분을 고무줄로 묶는다.

6 보자기 양쪽 자락을 정리해서 사진처럼 펼쳐놓는다.

7 양쪽 자락으로 병을 한 바퀴 감싸서 돌린다.

8 양쪽 자락을 병 앞으로 모은다.

9 파란색 귀를 위로, 빨간색 귀를 아래로 해서 사진처럼 당긴다.

10 파란색 보자기 귀로 빨간색 보자기 귀를 감싸서 묶은 후 당긴다.

11 파란색 보자기 귀의 끝이 왼쪽으로 가도록 잡아준다.

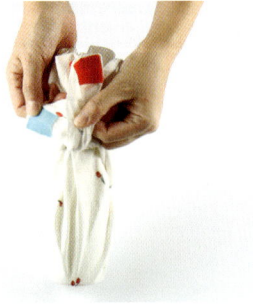

12 아래쪽에 있는 빨간색 보자기 귀로 파란색 보자기 귀를 감싸듯 돌려 묶는다.

13   양쪽 보자기 귀를 같은 힘으로 지그시 당겨주면 완성!

꽃다발1

한 번 쓰고 버려지는 종이나 비닐 포장보다는 노방 보자기로 포장해보세요.
꽃다발이 한껏 더 우아해질 뿐만 아니라 친환경적이어서 더 좋아요.

• How to Make •

1   보자기를 마름모꼴로 펴놓은 후 꽃다발을 위쪽 가운데에 둔다.

2   아래쪽에 있는 보자기 자락으로 꽃다발 위를 덮는다.

3   왼쪽에 있는 보자기 자락으로 사진처럼 사선 방향으로 주름을 잡아 내려간다.

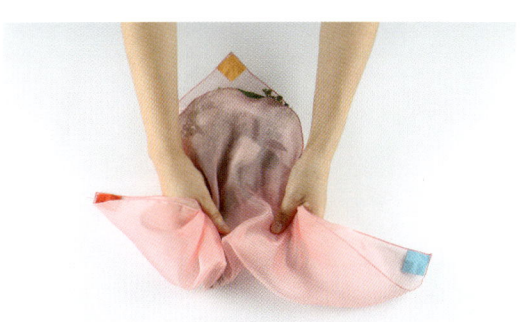

4   오른쪽에 있는 보자기 자락도 3과 같은 방법으로 주름을 잡아 꽃다발 아래쪽으로 모은다.

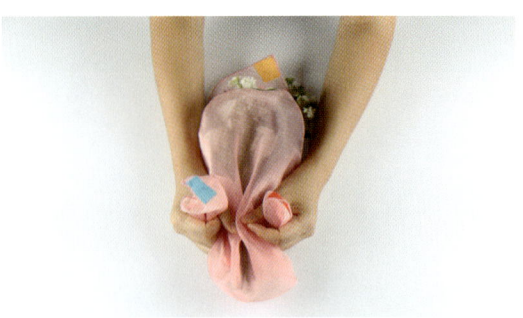

5 주름을 잡은 양쪽 보자기 자락을 꽃다발 뒤로 감싸듯 한 바퀴 돌린다.

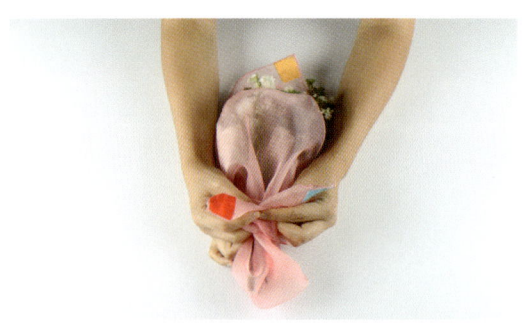

6 파란색 귀를 위로, 빨간색 귀를 아래로 한다.

7 파란색 보자기 귀로 빨간색 보자기 귀를 감싸서 묶은 후 당긴다.

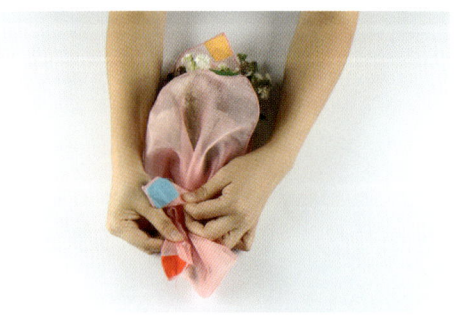
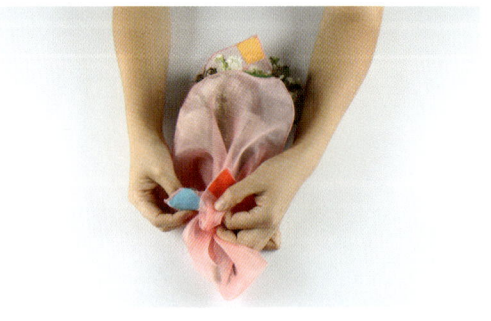

8 파란색 보자기 귀의 끝이 왼쪽으로 가도록 잡아준다.

9 아래에 있는 빨간색 보자기 귀로 파란색 보자기 귀를 감싸듯 돌려 묶는다.

10 양쪽 보자기 귀를 같은 힘으로 지그시 당겨주면 완성!

꽃다발2

길가에 들꽃을 보며 꽃 선물이 하고 싶어지는 날 집에 있는 보자기를 이용해보세요.

• How to Make •

1 보자기를 마름모꼴로 펴고 꽃다발을 사진처럼 놓는다.

2 왼쪽에 있는 보자기 자락의 끝을 사진처럼 살짝 접는다.

3 접어둔 보자기 자락으로 사진처럼 꽃다발 위를 덮는다.

4 위에 있는 보자기 자락으로 사진처럼 꽃다발 위를 덮는다.

5 아래쪽에 있는 보자기 자락으로도 꽃다발 위를 덮는다.

6 꽃다발 아래쪽을 잡고 보자기 귀 길이를 나란히 맞춘다.

7 꽃다발 아래쪽을 고무줄이나 끈으로 묶어 고정시킨다.

8 고무줄이 보이지 않도록 리본 등으로 다시 한 번 묶어주면 완성!

화분

집에 있는 화분이 마음에 안 들 때, 좋은 날 화분을 선물할 때
마음에 드는 보자기 한 장을 골라 화분을 포장해보세요.
나만의 맞춤 화분이 될 거예요.

• How to Make •

1 보자기를 마름모꼴로 펴놓은 후 화분을 보자기 가운데에 둔다.

2 화분 속 꽃 위에서 보자기 네 귀를 모아 잡는다.

3 화분 위를 끈이나 고무줄로 묶는다.

4 보자기 귀 4개의 길이가 같도록 펼친다.

5 보자기 양끝을 팽팽하게 당긴다.

6 수국 매듭(24쪽)처럼 보자기 귀를 고무줄 밑으로 빼낸다.

7   나머지 귀 3개도 같은 방법으로 보자기 귀를 고무줄 밑으로 빼낸다.

8   빼낸 보자기 귀의 길이가 같도록 정리하면 완성!

* 고무줄 밑으로 나온 보자기 귀가 너무 길면, 보자기 귀를 고무줄 밑으로 한 번 더 빼내주세요.(28쪽 카네이션 매듭 참고)

바구니1

버리기엔 아까운 바구니에 보자기 옷을 입혀보세요.
전혀 다른 느낌의 예쁜 바구니에 과일을 담아 두면 테이블이 산뜻해질 거예요.

• How to Make •

1 보자기를 마름모꼴로 펴놓은 후 바구니를 가운데 둔다.

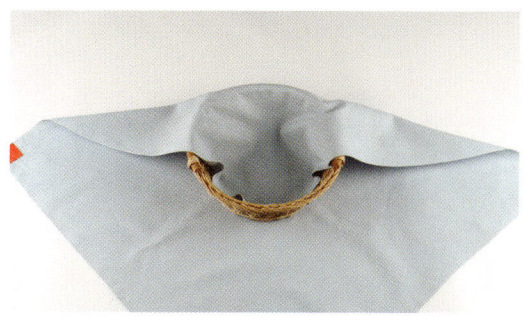

2 위쪽에 있는 보자기 자락으로 바구니를 덮어 바구니 안으로 넣는다.

3 아래쪽에 있는 보자기 자락은 사진처럼 끝을 바구니 쪽으로 접는다.

4 접은 보자기 자락으로 바구니 위를 덮는다.

5 왼쪽에 있는 보자기 자락을 바구니 위에서 모아 잡는다.

*너무 세게 잡으면 반대쪽 보자기 자락이 너무 짧아질 수 있으니 주의하세요.

6 모아 잡은 부분을 고무줄로 묶는다.

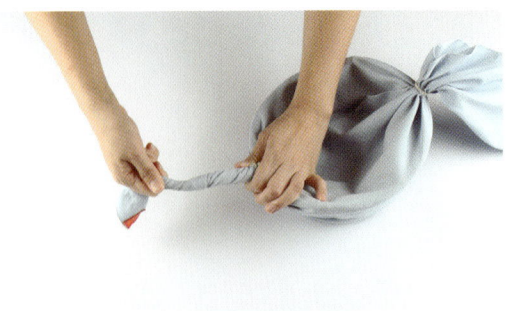

7   남은 보자기 자락도 바구니 위에서 모아 잡은 후 고무줄로 묶는다.

8   묶은 보자기 자락 하나를 촘촘하게 꼬아준다.

9   꼬아놓은 보자기를 사진처럼 단단히 돌려서 감아준다.

10   감은 끝 부분을 고무줄 밑으로 빼내어 잎사귀를 만든다.

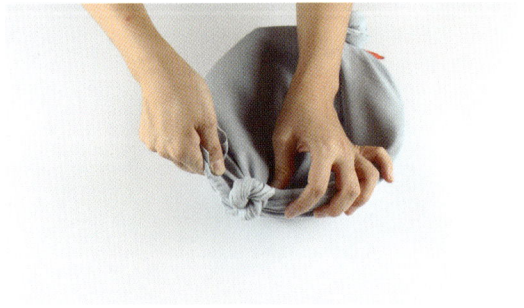

11   남은 보자기 자락도 촘촘하게 꼬아준다.

12   꼬아놓은 보자기를 사진처럼 돌려서 감아준다.

13 감은 끝 부분을 고무줄 밑으로 빼내어 잎사귀를 만들어주면 완성!

바구니2

손잡이가 없는 바구니나 그릇에 손잡이를 만들어주는 포장 방법이에요.
오래되어 쓰지 않는 그릇을 보자기로 포장해 소품 바구니로 이용해보세요.

• How to Make •

1 보자기를 마름모꼴로 펴놓은 후 바구니를 가운데 둔다.

2 보자기의 위아래 자락을 사진처럼 접는다.

3 위쪽에 있는 보자기 자락으로 바구니를 덮는다.

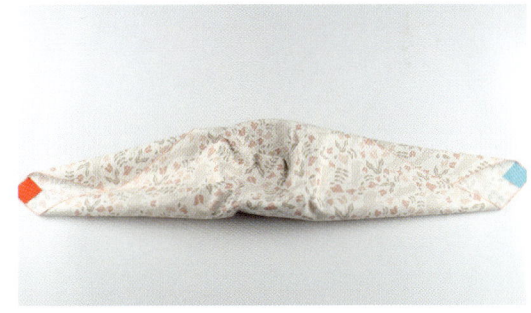

4 아래쪽에 있는 보자기 자락으로도 바구니를 덮는다.

5 왼쪽에 있는 보자기 자락을 바구니 위에서 모아 잡는다.

*너무 세게 잡으면 반대쪽 보자기 자락이 너무 짧아질 수 있으니 주의하세요.

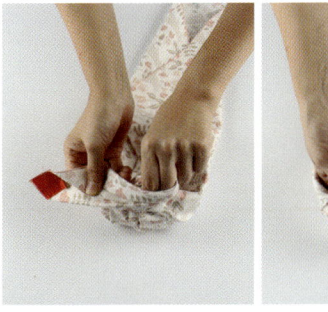

6 모아 잡은 자락을 바구니 위에서 한 바퀴 돌려 매듭으로 묶는다. (14쪽 한 가닥 매듭 참고)

7   보자기 귀를 당겨 길게 빼준다.

  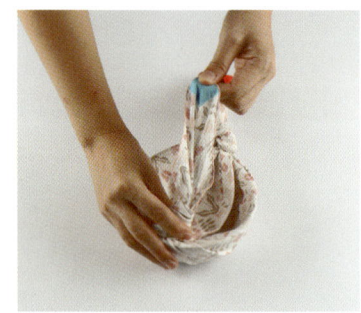

8   남은 보자기 자락도 바구니 위에서 모아 잡고 한 바퀴 돌려 매듭으로 묶은 후 보자기 귀를 당겨 길게 빼준다.

9   보자기 자락 하나를 촘촘하게 꼬아준다.

10   남은 보자기 자락은 먼저 꼬아준 자락과 반대 방향으로 촘촘하게 꼬아준다.

*양쪽을 같은 방향으로 꼬아주면 리본을 묶었을 때 매듭이 풀리므로 서로 반대 방향으로 꼬아주세요!

11 빨간색 귀를 뒤로, 파란색 귀를 앞으로 해준다.

12 빨간색 보자기 귀로 파란색 보자기 귀를 감싸서 묶는다.

13 빨간색 보자기 귀의 끝이 왼쪽으로 가도록 잡아준다.

14 아래에 있는 파란색 보자기 귀로 빨간색 보자기 귀를 감싸듯 돌려 묶는다.

15 양쪽 보자기 귀를 같은 힘으로 지그시 당겨주면 완성!

바구니3

선물 받은 과일 바구니를 큰 보자기로 포장해서 소풍 나갈 때 활용해보세요.
돗자리를 깜빡했다면 바구니에서 보자기를 풀어 돗자리로 사용할 수도 있어요.
손잡이가 한 개 있는 바구니 포장이에요.

• How to Make •

1 보자기를 마름모꼴로 펴놓은 후 바구니를 가운데 둔다.

2 위쪽에 있는 보자기 자락을 바구니 안으로 넣는다.

3 아래쪽에 있는 보자기 자락도 바구니 안으로 넣는다.

4 바구니 손잡이 왼쪽 끝에 있는 보자기 자락을 주름 잡으며 모아 잡는다.

5 왼쪽 보자기 귀를 사진처럼 팽팽하게 당긴다.

6 당긴 보자기 자락으로 바구니 손잡이를 칭칭 감는다.

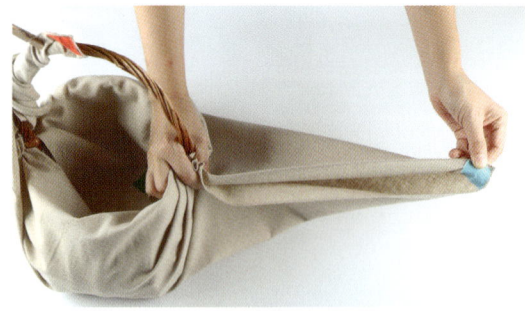

7 손잡이를 감은 보자기 자락을 집게로 고정시 킨다.

8 바구니 손잡이 오른쪽 끝에 있는 보자기 자락을 주름 잡으며 모은 후 사진처럼 당긴다.

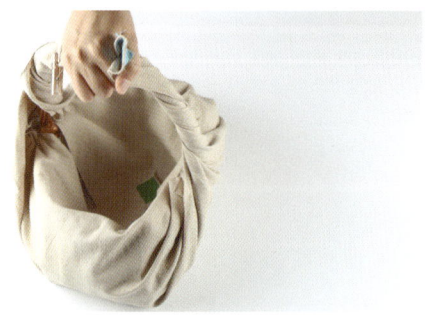
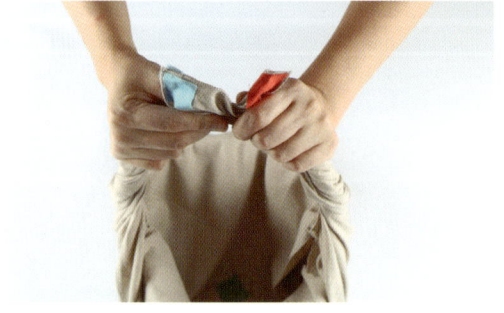

9 당긴 보자기 자락으로 왼쪽과 반대 방향으로 바구니 손잡이를 칭칭 감는다.

10 빨간색 귀를 뒤로, 파란색 귀를 앞으로 해 준다.

11 빨간색 보자기 귀로 파란색 보자기 귀를 감싸서 묶은 후 당긴다.

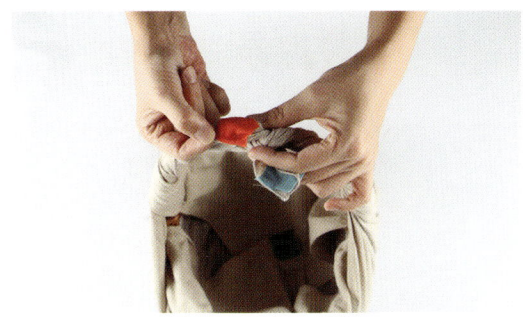

12 빨간색 보자기 귀의 끝이 왼쪽으로 가도록 잡아준다.

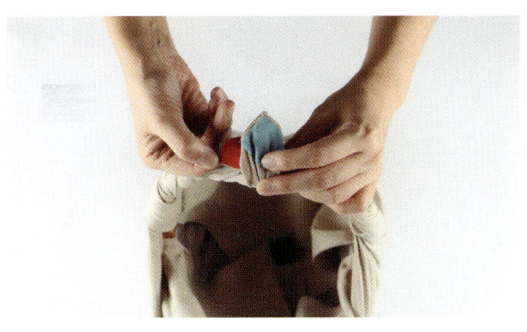

13 아래에 있는 파란색 보자기 귀로 빨간색 보자기 귀를 감싸듯 돌려 묶는다.

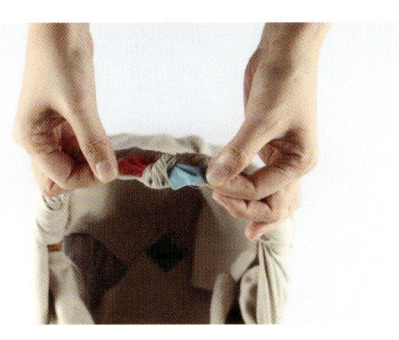

14 양쪽 보자기 귀를 같은 힘으로 지그시 당겨주면 완성!

바구니4

엄마가 쓰던 오래된 바구니를 보자기로 포장했어요.
손잡이가 양쪽에 있어 손잡이 구멍으로 보자기를 쏘옥 빼주기만 하면 손쉽게 포장할 수 있어요.
손잡이가 양쪽에 있는 바구니 포장이에요.

• How to Make •

1 보자기를 똑바로 펴고 가운데 바구니를 놓는다.

2 왼쪽에 있는 보자기 귀를 하나씩 바구니 손잡이 안으로 통과시켜 빼낸다.

3 오른쪽에 있는 보자기 귀도 하나씩 바구니 손잡이 안으로 통과시켜 빼낸다.

4 보자기 자락을 사진처럼 모두 펴준다.

5 왼쪽에 있는 보자기 귀(🟥, 🟩)로 바구니 손잡이를 덮어 가린다.

6 손잡이를 덮은 보자기 귀(🟥, 🟩)를 정리해서 모아 잡는다.

7 빨간색 귀를 위로, 초록색 귀를 아래로 해준다.

8 빨간색 보자기 귀로 초록색 보자기 귀를 감싸서 묶은 후 당긴다.

9 빨간색 보자기 귀의 끝이 왼쪽으로 가도록 잡은 후 초록색 보자기 귀로 빨간색 보자기 귀를 감싸듯 돌려 묶는다.

10 양쪽 보자기 귀를 같은 힘으로 지그시 당긴다.

11 남은 보자기 귀도 **5~9**를 반복한다.

12 양쪽 보자기 귀를 같은 힘으로 지그시 당겨주면 완성!

갑티슈 포장

테이블 위에 있는 갑티슈가 왠지 촌스럽거나 눈에 거슬릴 때가 있어요.
그럴 땐 맘에 드는 천으로 갑티슈를 포장해보세요.
작은 변화로 분위기는 한결 깔끔해질 거예요.

• How to Make •

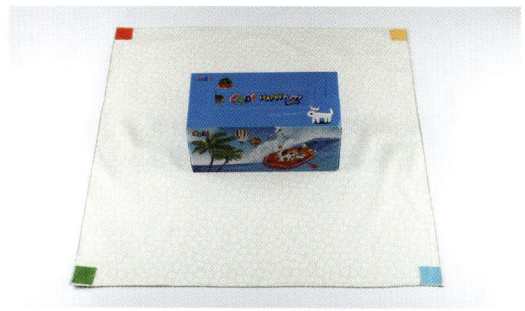

1 보자기를 똑바로 펴놓고 갑티슈를 가운데 둔다.

2 왼쪽에 있는 보자기 자락으로 갑티슈 위를 덮는다.

3 오른쪽에 있는 보자기 자락으로도 갑티슈 위를 덮는다.

4 빨간색 보자기 귀를 팽팽하게 당긴 후 사진처럼 다시 갑티슈 쪽으로 당겨 잡는다.

5 당겨 잡은 보자기 자락을 지그시 누른다.

6 초록색 보자기 귀를 팽팽하게 당긴 후 사진처럼 다시 갑티슈 쪽으로 당겨 잡는다.

7 갑티슈 모서리 가운데에서 보자기 양쪽 귀를 모아 잡는다.

8 빨간색 귀를 뒤로, 초록색 귀를 앞으로 해준다.

9 빨간색 보자기 귀로 초록색 보자기 귀를 감싸서 묶은 후 당긴다.

10 빨간색 보자기 귀의 끝이 왼쪽으로 가도록 잡아준다.

11 아래에 있는 초록색 보자기 귀로 빨간색 보자기 귀를 감싸듯 돌려 묶는다.

12 양쪽 보자기 귀를 같은 힘으로 지그시 당긴다.

13 파란색 보자기 귀를 팽팽하게 당긴 후 사진처럼 다시 갑티슈 쪽으로 당겨 잡는다.

14 당겨 잡은 보자기 자락을 지그시 누른다.

15 노란색 보자기 귀를 팽팽하게 당긴 후 다시 갑티슈 쪽으로 당겨 잡는다.

16 갑티슈 모서리 가운데에서 보자기 양쪽 귀를 모아 잡는다.

17 파란색 귀를 뒤로, 노란색 귀를 앞으로 해서 사진처럼 당긴다.

18 파란색 보자기 귀로 노란색 보자기 귀를 감싸서 묶은 후 당긴다.

19 파란색 보자기 귀의 끝이 왼쪽으로 가도록 잡아준다.

20 아래에 있는 노란색 보자기 귀로 파란색 보자기 귀를 감싸듯 돌려 묶는다.

21 양쪽 보자기 귀를 같은 힘으로 지그시 당긴다.

22 갑티슈 윗부분을 정리해주면 완성!

21 | 책 두 권 포장

책 선물이 하고 싶은 날 버려지는 종이나 포장지보다는 보자기로 마음을 함께 담아 전해보세요.

• How to Make •

1 보자기를 마름모꼴로 펴고 가운데에 책 2권을 나란히 놓는다.

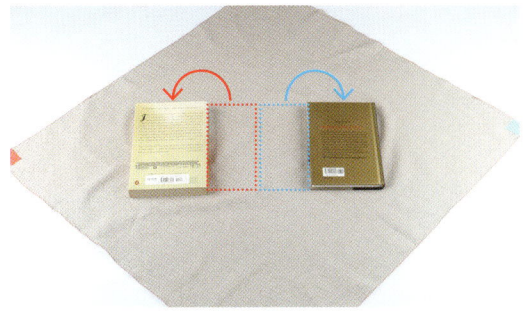

2 책을 각각 바깥 방향으로 뒤집는다.

3 양쪽 보자기 자락으로 책 위를 각각 덮는다.

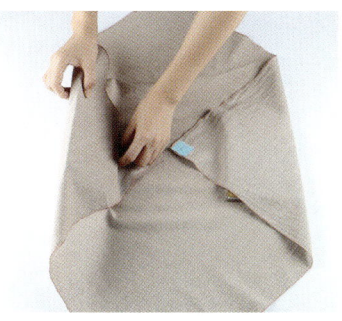 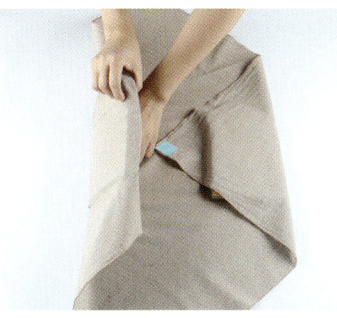 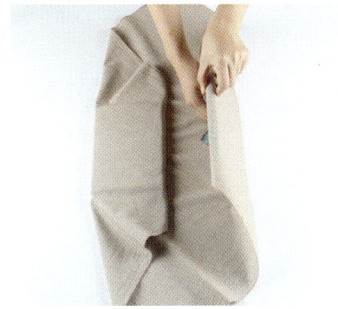

4 보자기 끝자락은 각 책을 감싸듯 해서 책 밑으로 넣는다.

5 책을 가지런히 놓고 다시 한 번 정리한다.

6 위쪽에 있는 보자기 자락으로 책 위를 덮는다.

7 아래쪽에 있는 보자기 자락으로도 책 위를 덮는다.

8 보자기 자락을 양쪽으로 당기며 포장해둔 책 두 권을 포갠다.

9 책 두 권 사이로 보자기 귀를 빼준다.

10 초록색 보자기 귀를 꼬아준다.

11 노란색 보자기 귀는 초록색과 반대 방향으로 꼬아준다.

12 초록색 귀를 뒤로, 노란색 귀를 앞으로 해준다.

13 초록색 보자기 귀로 노란색 보자기 귀를 감싸서 묶은 후 당긴다.

14 초록색 보자기 귀의 끝이 왼쪽으로 가도록 잡은 후 노란색 보자기 귀로 초록색 보자기 귀를 감싸듯 돌려 묶는다.

15 양쪽 보자기 귀를 같은 힘으로 지그시 당겨주면 완성!

나의 첫 번째 보자기 포장

1판 3쇄 펴낸 날	2022년 12월 22일

지은이	장여진, 백송이
기획·편집	신이수
디자인	김미정
펴낸곳	도림북스
출판등록	제399-2017-000024호
블로그	blog.naver.com/dorimbooks
전자우편	dorimbooks@naver.com
ISBN	979-11-87384-15-1 13630

ⓒ장여진·백송이, 2019, Printed in Korea

* 이 책은 저작권법에 따라 한국 내에서 보호받는 저작물이므로 무단전재와 복제를 금합니다.
* 이 책 내용의 일부 또는 전부를 재사용하려면 반드시 저작권자와 도림북스 양측의 동의를 받아야 합니다.

「이 도서의 국립중앙도서관 출판예정도서목록(CIP)은 서지정보유통지원시스템 홈페이지(http://seoji.nl.go.kr)와 국가
 자료종합목록 구축시스템(http://kolis-net.nl.go.kr)에서 이용하실 수 있습니다. (CIP제어번호 : CIP2019048318)